名家说清史

乾隆皇帝

白新良◎著

故宫出版社

绪　言

时下，有关乾隆的小说、电视剧层出不穷，蔚为大观。其中小说开山之作是已故台湾作家高阳所著《乾隆韵事》，继起之作则是二月河所作的《乾隆皇帝》。至于电视剧，则更如夜空群萤，如《乾隆王朝》《天下粮仓》《戏说乾隆》《宰相刘罗锅》《梦断紫禁城》《还珠格格》《铁齿铜牙纪晓岚》等。所有这些，都在一定程度上丰富了广大人民群众的业余文化生活。与文艺界出现的乾隆热相比，史学界关于乾隆的学术著作虽然数量不少，如戴逸《乾隆帝及其时代》、唐文基等《乾隆传》、郭成康等《乾隆皇帝全传》、周远廉《乾隆皇帝大传》、孙文良等《乾隆帝》、庄吉发《清高宗十全武功研究》以及拙著《乾隆传》等，但是适应广大群众需要的有关乾隆的普及性读物尚觉寥寥。由于小说、电视剧等或囿于体裁，或限于写作主题以及读书未遍，虚构成分颇多，重要史实遗漏、错误之处也往往而有，一般读者所获取的，常为虚构、歪曲的故事或印象。举例而言，如称“时日曷丧，予及汝偕亡”，见于《诗经》；

先轸曾唾晋文公之面；杨继盛为三杨之首，万历中弹劾魏忠贤被杀；明武宗曾遭宫女缢杀等，皆如白日呓语，荒谬绝伦。至于有关乾隆朝史实的错谬之处，更是不胜枚举。且又时或下笔不洁，不但有厚诬古人之嫌，同时也不利今世精神文明之建设。所有这些，都极易将读者思维引向误区。凡此，都亟须有关乾隆的历史普及读物作为后续，紧跟而上。对于普及历史知识工作，学界向予重视而且成就突出。其在古代者如《三字经》《百家姓》《千字文》《幼学琼林》等，其在今世者如林汉达先生《东周列国故事新编》、姚雪垠先生《李自成》等，皆系传世之作。为了追踪前贤，对普及乾隆朝历史知识做些工作，十数年前，我曾应上海古籍出版社之约撰写了一本《正说乾隆》。其中史实部分，多取拙著《乾隆传》。对于小说、电视剧中的错误不实之处，亦间作评述。近日，故宫出版社拟将此书改名“名家说清史·乾隆皇帝”，再版行世。为此，特改正原著错误多处，奉献给读者，并请学界批评指正。

目 录

第一章　身世迷雾

在中国历史上，似乎没有一个皇帝的身世像乾隆那样扑朔迷离。其出生地究竟是哪里？亲生母亲是谁？是汉人还是满人？迷雾重重，几百年来演绎了一个又一个的传说与故事……

康熙五十年八月十三日（1711 年 9 月 25 日），正当年近花甲的老皇帝康熙远赴京师以北四百多里的木兰围场举行极为盛大壮观的秋狝围猎的时候，在北京紫禁城东北方向康熙皇帝第四子雍亲王胤禛的府邸里，二十岁的格格钮祜禄氏生下了一个男婴。这时，婴儿的父亲胤禛由贝勒晋封为亲王还不到两年。而且，在这个婴儿出生之前，胤禛已经先后生有四个儿子，即胤禛元妃乌拉纳喇氏所生的弘晖，侧妃李氏所生的弘昐、弘昀和弘时。虽然，弘昐、弘晖、弘昀都已在这个婴儿出生之前夭折，从而使得这个新生婴儿实际上成为胤禛第二子，但是在连年得子的雍亲王府邸中，这个新生婴儿的到来除了由管理宗室事务的宗人府循例起名“弘历”之外，并没有引起特别重视。包括弘历的父母在内的全府人等，谁也没有想到，这个婴儿日后竟是九五之尊。至于这个婴儿的祖父康熙皇帝，由于孙辈众多，兼之以日理万机，很长时间中，对于这个日后临御天下六十年、文治武功并不在自己之下的嫡亲孙子，恐怕连名字都叫不出来。

但有关乾隆的身世，在后来的宫禁和民间都有一些谣传。

根据清人石韫玉的《存悔斋集序》透露，早在乾隆时期，一些宫女、太监即在私下传播乾隆诞生于热河避暑山庄狮子园的小道消息。按照清朝官方的正统说法，乾隆生于北京雍和宫。此说竟如此标新立异，不难看出，即使其说属实，也是“项庄舞剑，意在沛公”。当时，为了加强自己的专制统治，乾隆在宗室廷臣中结怨甚多，此说流传，自不足怪。对此，乾隆本人虽甚为愠怒，但却无法把问题挑开来正面反驳，只好在一些有关文字中宣传自己是出生在北京雍和宫。据统计，仅乾隆御制诗篇中，“凡言降生于雍和宫者，三见集中”。尽管乾隆郑重其事、不厌其烦地再三宣示，谁也知道，在出生地这个问题上，乾隆本人所说绝非权威定论。世间哪有不经人说便知自己出生地的道理？因而，乾隆所说，并不为世人所重。相反，乾隆生于避暑山庄之说，却是不胫而走，在臣民中广为流传，以致在乾隆死后，嘉庆为其纂修实录和圣训时，凡是涉及乾隆出生地问题，几乎都遇到了诞生避暑山庄说的挑战。最初，因为乾隆虽死，余焰犹烈，修纂实录、圣训的馆臣只好仍取正统说法。但至嘉庆中岁以后，时过境迁，兼之以乾、嘉两帝虽为父子，年龄却相差五十岁，哪里想得到关于乾隆诞生地的不同意见会有如此深刻而又特殊的内涵？眼见朝野皆称乾隆诞生于避暑山庄，因而也就稀里糊涂、人云亦云，在自己所作的御制诗篇注解中两次提到“高宗纯皇帝辛卯岁诞生于山庄都福之廷”，而且还将此诗文大量刊印，颁赐群臣和天下学宫。这样一来，乾隆诞生避暑山庄的说法更是风靡全国，从而导致了嘉庆死后因遗诏内容而发生的一场政治风波。

嘉庆二十五年（1820年）七月二十五日，嘉庆病死在避暑山庄的烟波致爽。嘉庆第二子智亲王旻宁于灵前即位，即道光皇帝。这时，军机大臣托津、戴均元、卢荫溥、文孚受命为嘉庆撰拟遗诏，颁布中外，以为道光继位为君的合法依据。因为嘉庆死地和当时人们习惯上认为的乾隆出生地都在避暑山庄，为了表彰孝道，几个军机大臣绞尽脑汁，舞文弄墨，生拉硬扯，在遗诏中以嘉庆口气提到自己虽死，但死在父亲诞生之地并无遗憾之类的话。时年三十九岁的道光在审查定稿时，竟未加注意，当即下令颁发全国。与此同时，还指派专使，分发琉球、安南、朝鲜、缅甸等邻近藩属。一个多月后，国丧告一段落。为了理政，道光开始阅读乾隆实录、圣训，方才看到乾隆诞生于雍和宫的正统记载。直至这时，他才如梦初醒：实录、圣训皆载乾隆皇祖生于雍和宫，而遗诏却称其诞生于避暑山庄，岂不是说实录不实、圣训不足为训？即使撇开实录、圣训所记真伪不论，宣传此说，岂不是说皇祖生母另有其人？这不是在给祖宗和自己脸上抹黑又是什么？想到这些，道光又气又羞，立即传旨诘问。谁知几个军机大臣一时转不过弯，竟然很不服气地举出嘉庆御制诗注解进行申辩。这使道光愈加恼火，立即下令追回前颁所有遗诏并重新撰拟，再行颁发中外。与此同时，还对几个军机大臣严加处分。至此，这场因遗诏内容而掀起的风波才算平息。

在道光的强力压制下，外廷臣工不敢再公开提乾隆诞生在避暑山庄，然而，宫女、太监中的有关传闻却总是禁而不绝。清朝末年，熊希龄任职热河，看到避暑山庄东宫院内有一间茅草小屋，与整体建筑极不协调，甚感诧异。这时，一个老太监向他讲述了这样一个故事：

乾隆皇帝生母为南方人，诨名“傻大姐”，随家人到热河

> 营生。当时热河行宫外有各式南方工匠，如漆匠、红木作等。这时正选秀女，临时缺一名，就把这个傻大姐列入充数。当时，雍正皇帝还是太子，一次得了重病，傻大姐在侍女之列，服侍最勤，四十余日衣不解带。太子感其德，病愈后就和她发生了关系。后来傻大姐怀了孕，在茅棚内生了一子，即后来的乾隆皇帝。乾隆皇帝为了纪念他的生母，就在其出生之地盖了一间茅舍。

熊氏得知此事后，于1922年4月告诉了胡适，当即由胡氏载入日记。由于辗转相传，此说增漏之处颇多，但其基本情节与乾隆有关传说相仿。按照这一说法，乾隆生母不但不是满人，而且身份也极为低贱，竟是《红楼梦》中那个整日嘻嘻哈哈、缺心眼的傻大姐一类的人物，难怪道光对此传说要大发脾气并且严厉禁绝了。

颇为耐人寻味的是，道光虽然竭尽全力将乾隆诞生避暑山庄的传说压制下去，但是，为时不久，另外一种传说，即乾隆是海宁陈家之子，又流传开来。由于当时朝政日非、皇权日削、阶级矛盾空前尖锐，以及汉族人民的民族意识逐渐增长，这一传说内容之杜撰、渲染，较之前说更加肆无忌惮，不但如前否认乾隆为钮祜禄氏所生，而且公然否认其具有满洲血统，径认其为汉人之子，矛头直指整个清朝皇室和所有满洲权贵。

该说略谓：康熙年间，海宁陈氏名宦迭出，陈元龙、陈诜、陈论、陈世倌等位极人臣，因此便成了谋夺储位甚力的皇四子胤禛争取和联络的重点对象。当时，某陈之妻与胤禛之妃同在孕期，同时临产且同称得子。为申庆贺，应胤禛之邀，陈氏送子到王府，让王妃看视。但至送归之时，陈氏发现送归婴孩竟非己子，且已易男为女。陈氏夫妇不敢声张，遂抚养此女，情同己出。二十多年后，陈氏所生之子继位为君，就是乾隆。为了探访生身父母，乾隆特借六巡江南之机四次临幸海宁陈家，并以人子事父母语气为陈宅书写了“爱日堂”“春晖堂”两块匾额。至于那个陈氏抚育成人的公主，后来择嫁常熟蒋氏，蒋氏特为其筑公主楼云云。此说传出，海宁陈氏后人立即跟着帮腔，编造了自己祖坟风水的种种异征，借以证实这个“帝出于陈”的传说。

据陈其元《庸闲斋笔记》载：陈氏始祖姓高名谅，原籍渤海，流寓海宁。一天，因连日奔波劳累，在一小桥上休息时失足落水。当时，桥边有一间豆腐坊，主人陈明遇，与女儿相依为命。是日，陈明遇梦见青龙蟠绕桥下而出门看望，遂将其搭救上岸，领回家中。讯明身世，陈明遇便将己女许配给他为妻。其女后来生子，遂袭外祖之姓，取名陈荣，仍以制作豆腐为生。一日，陈荣半夜起来磨豆腐，忽于门缝中看到远方二人提灯向近处走来。陈荣暗中出门查看，原来是一个秀才和一个道士在附近谈话。只听道士说，这个地方风水最好，如果将祖坟迁此，后世将位极人臣，并且还有一石八斗芝麻官数。秀才便问有何依据，道士遂从腰间摸出两个鸡蛋扬了扬说，将两个鸡蛋埋在这里，明天此时就会孵出小鸡来。随后，二人蹲下将鸡蛋埋入土中，飘然而去。次日晨起，陈荣又磨豆腐，忽然想起昨天秀才、道士说的话，急忙放下手中营生，到那个地方查看究竟。果不其然，唧唧声中，两个鸡雏正在破壳而出。恰在此时，又见远方两盏灯光向这里移动，原来是秀才、道士来取小鸡。陈荣不敢怠慢，赶紧俯身捧起两个鸡雏回屋，又另从室中拿出两个鸡蛋依样放在原处，关起门来听那秀才、道士说些什么。顷刻之间，秀才、道士已至，看到鸡蛋还是鸡蛋，毫无变化。秀才便嘲笑道士说大话骗人，道士则目瞪口呆，围着那两个鸡蛋转来转去，满腹狐疑，无法回答。而后，各自散去。事后，陈荣确知此地风水决非一般，乃将其父高谅之骨殖移葬于此。说也奇怪，两代之后，陈氏子弟便有科举登第者；至道光时，陈氏一家举贡进士登第者已达二百余人。其中，位至宰相者三人，官至尚书、侍郎、巡抚、布政使者十一人……按照这一传说，陈氏祖坟风水是如此之好，难怪会有一帝出于陈家了。对于这种悖逆的传说和文字记载，如在乾隆时期，所有干连人犯早已被凌迟处死并举家连坐。然而，当时各地人民起事风起云涌，西方列强也虎视眈眈、炮舰相向，上自皇帝、下至廷臣，无不忙得焦头烂额，哪里顾得上这些事情。所以，这种说法和其他许多有关清朝统治者的传说能一起广泛流传，清末民初更是家喻户晓、童叟皆知，对于动摇清朝统治并动员广大民众参加反清民主革命起了重大的煽动作用。

乾隆为海宁陈氏之子的传说虽对近代以来的政局发展产生了一定的影响，但是，如果细加考究，该说其实很牵强。据已故清史专家孟森先生考证：乾隆出生之时，其父雍正正在壮年并且已生四子，“以女易男”，实无必要；乾隆四次临幸海宁陈家，实为视察海塘工程而不是省亲；为陈家书写宅匾者乃是康熙，而非乾隆；陈氏盛时，乃在康熙以前，至乾隆时已经衰落；对于陈氏先祖以及后人，乾隆也毫无宠幸、加厚之意，不但在修撰国史时将陈之遴等入《贰臣传》，而且对于陈氏子弟仕宦者也动辄加以打击、斥逐。至于陈氏后人关于其祖茔风水的传说，更是荒诞不经、不足为凭。而且，如果将此和《史记》之《吕不韦列传》《春申君列传》中提到的秦始皇、楚幽王出身中的移花接木、鸠占鹊巢事迹以及戏剧“狸猫换太子”相联系，上述诸说皆酷似其翻版。

第二章　内定储君

康熙帝时血淋淋的争夺皇储的情景，雍正回想起来总是历历在目。为避免骨肉相残的悲剧重演，他在建储上采取了一个重要举措——秘密建储。这是对两千多年的中国传统建储制度的一次重大改革。那么，在这次改革中，雍正内定的储君为什么不是别人而是弘历呢？

康熙死后，胤禛嗣位，弘历的生活环境和政治地位都发生了巨大的变化：一是住进了紫禁城；二是实际上成了国家的储君。

众所周知，雍正是在康熙末年诸王争夺最高权力的斗争中登上皇位的。即位伊始，即对昔日的那些对手大打出手。那些对手，由于失去了康熙的庇护，几乎毫无反抗能力地引颈就戮。这样，很短时间即将争夺皇位的政敌清除殆尽。与此同时，有鉴于康熙朝建储制度不完善所造成的诸王争夺储位的情况，为了巩固自己的统治，雍正在建储上采取了一个重要举措。雍正元年（1723 年）八月十七日，他将诸王和满汉文武大臣召至乾清宫，当着他们的面将储君名单装入密封的锦匣，置放于乾清宫正中最高之处清世祖御书“正大光明”匾额之后，并且规定他死之后才允许拆开。而后，又另书与之相同的密旨一道存放圆明园，以资异日勘对。在他看来，这一决定，对全国臣民而言，解除了因为储君空缺而产生的危机感；对储君而言，因为并不知道自己已是内定储君，当然就不会因此而骄横不法，更谈不上和皇帝争权；对其他皇子而言，一不知道自己是否是储君，二不知道储君是谁，想要对其进行攻讦也没有目标；对宗室近臣而言，无法寻找攀龙附凤的对象，进行政治投机。但是，皇帝本人却通过这一决定在生前可以不受任何干扰地处理各种国家政务，死后也能够按照自己的意旨实现国家最高权力的顺利过渡。雍正创立的这种秘密建储制度，是对两千多年以来中国传统建储制度的一次重大改革。而在这次改革中，雍正内定的储君不是别人，正是弘历。

虽然秘密建储之时雍正已有弘时、弘历、弘昼、福惠四个儿子，但是对当时情况加以分析，将弘历内定为储君却仍属必然之势。一是因为弘历随同康熙居住达半载之久，又受到了特别的宠爱，多少年后都将是自己合法继位的一个很充分的理由。二是弘历既聪颖又大胆，在非常注重清语、骑射的满族统治者看来，弘历具备了储君所应有的基本素质。三是弘历母家出身满族，并是开国功臣额亦都之后。虽然至康雍之际，由于家道中落，弘历的外祖父仅任四品典仪，职位并不显赫，但是，凭借血缘上的联系，却可以使其日后不费多大气力就能得到满族旧臣的支持，有利于统治的巩固。除弘历母家出身满族外，弘时母家李氏、弘昼母家耿氏、福惠母家年氏都是汉姓。其中，李氏、耿氏极有可能还是内府三旗汉人包衣。在统治集团核心都是满人的情况下，将她们所生之子立为储君，日后将被满族权贵轻视。秘密建储半年之前，满族贵族中就盛传弘历将被立为储君的流言，而且还传到了在京的朝鲜使者耳中，这正反映了满族权贵的普遍要求。作为满族贵族的最高统治者，雍正虽然反对他们对建储进行干预，但是，对于他们的这些要求却是不能不加以考虑的。

对秘密建储后的一些史实进行分析可以看出，秘密建储制度仅对储君的权力有所限制，却没有像雍正所预期的那样从根本上杜绝皇室内部争夺储位的斗争。尽管他郑重其事地宣布储位密建，不允许任何人看到密旨的内容，但是，接近皇帝的大臣和皇帝的几个妃嫔、儿子，仍可以从他日常生活中的言谈举止，对为数有限的几个皇子各方面的条件进行分析比较，八九不离十地估计出谁是他的内定储君。仅以秘密建储后成年皇子们所参加的各种礼仪活动而言，据《清世宗实录》所载，雍正在位的十三年中，派遣弘历参加的各种礼仪活动即达 20 次之多，其内容也遍及祭祀康熙和孝恭仁皇后的景陵(6 次)、祭奉先殿（1 次)、享太庙（4 次)、祭孔（1 次)、祭太岁之神（2 次)、夏至祭天地（2 次)、祭大社大稷（1 次)、祭关圣帝君（1 次)、视大臣疾及死后往奠茶酒（2 次）等许多方面。与此同时，派弘昼参加的各种礼仪活动仅有 7 次，即祭大社大稷 4 次、祭孔 2 次和祭都城隍庙 1 次，数量和种类都大大少于弘历，而且还都是在雍正八年他成人之后。更为奇怪的是，年龄比弘历和弘昼都大的弘时竟一次也没有。

弘时生于康熙四十三年，由于三个兄长相继夭折，遂排行第一。其生母李氏，约在康熙三十五年便已进入时为皇子的胤禛府邸，胤禛封王后晋为侧妃，仅次于元妃乌拉纳喇氏而在其他妃嫔之上。雍正即位后，大封后妃，李氏晋封为齐妃。在这次宫中权力再分配中，年羹尧的妹妹年氏跃过李氏封为贵妃，原居其下的弘历生母钮祜禄氏则和李氏一样晋封为熹妃。相比之下，李氏地位下降了。她在妃嫔中的地位下降也影响了弘时在兄弟中的地位。因而，在一些礼仪活动中，雍正跳过他而连续派年龄比他小的弘历参加，无异是对弘时的歧视，使他非常不满并有所流露。雍正当然不能容忍而“特加严惩”，革除宗籍，圈禁至死。在雍正时期的政治斗争中，只有在打击昔日与之争夺储位的阿其那、塞思黑等人时，才极其严厉地将其本人及其子孙革除宗籍。这次，雍正对自己的儿子也照此办理，说明弘时的罪过显然不像乾隆后来所说的“性情放纵，行为不谨”。对于这场父子骨肉间的斗争，大约是怕政敌幸灾乐祸，雍正一直未曾公布，以致后人无法得知其详。但据《清世宗实录》记载，雍正四年九月弘时二十三岁时，雍正曾召皇子、诸王、文武大臣共 94 人至乾清宫赋柏梁体诗。在与会诸皇子中，仅有弘历、弘昼二人而无弘时。这就说明，至迟在雍正四年秋天，这场斗争已经发生，弘时也在此后不久死去。直到弘历即位之后，念及往日兄弟之谊，才将弘时的名字重新收入玉牒。弘时之母李氏，也因其子被圈禁而独处冷宫，直到乾隆二年（1737 年）三月，其六十岁左右的时候，默默无闻地死去。

在将弘历内定为储君的同时，为了使他日后挑起管理国家的重任，雍正也加强了对弘历的教育。雍正元年，除原来的师傅之外，又特旨选任朱轼、张廷玉、徐元梦、嵇曾筠、蔡世远等为诸皇子师傅。雍正八年，又加派鄂尔泰、蒋廷锡、邵基、胡煦、顾成天等名臣硕儒侍皇子读书。为了防止他们将弘历培养成为仅会“寻章摘句，记诵文词”的腐儒，雍正指示在教学中当以“立身行己，进德修业”为重点。根据这些指示，在师傅们的指导下，弘历学习刻苦勤奋，“朝有课，夕有程，寒暑靡间”，当年便“熟读《诗》、《书》、四子，背诵不遗一字”。而后数年间，又“精研《易》、《春秋》、《戴氏礼》、宋儒性理诸书，旁及《通鉴纲目》、《史》、《汉》、八家之文”。与此同时，还勤于习作，论赋诗词，无一不能。至雍正八年时，积稿已达十四卷之多。从这些作品中，可以看出弘历在学习中善于思考，重视接受历代君主成功的经验和失败的教训。应该说，通过这一时期对儒家经典的学习和对历代史书的浏览，弘历积累了丰富的历史知识，学到了不少的政治经验，从而为其日后直接进行统治打下了初步的基础。

雍正七年冬天以后，雍正卧病在床，而且一度相当严重。后来虽经多方治疗，转危为安，但是病愈之后身体和精神都大不如前。因此，从这时开始，雍正开始更多地委派弘历和弘昼代其参加各种礼仪活动。雍正十一年二月，为了提高他们在全国臣民中的地位，训练他们的从政能力，雍正封弘历为和硕宝亲王、弘昼为和硕和亲王，并让他们参加了对西北准噶尔用兵和平定苗疆叛乱的领导工作。这样，至雍正十三年八月雍正去世时，弘历已经具备了作为一个君主所必不可少的文化素养和一定的理事能力，为他继位以后全面挑起管理国务的重担作了很好的准备。

雍正秘密建储时，弘历刚刚十三岁，因而对于储君是谁和自己是否是储君，可能并不在意。但在秘密建储后，随着自己年龄的增长，父皇对自己格外眷顾，皇储人选对他本人而言似乎已成了一个公开的秘密。尽管如此，在他看来，父皇不公布自己储君的身份仍是自己地位未定的表现。对此，他虽然无能为力，却并不是没有看法。但是，不久之后发生的弘时事件使他看到，父皇对敢于违旨营求继嗣权力的亲生骨肉，也是那样毫不留情。因此，他特别安分守己，处处谨慎小心。对于父皇，他绝对服从。封王之前，“问安视膳之余，耳目心思一用之于学”；封王之后，虽然参加了各种国务活动，但也只是照谕旨办事，从不敢越雷池一步。除少数几个大臣因工作关系有所往来外，很少与其他官员往来，以免引起父皇的疑忌。对于雍正的一些举措，如献祥瑞、养僧道等，他并非没有看法，但是为了讨得父皇的欢心，也不惜连作《万寿日庆云见苗疆赋》《景陵瑞芝赋》等多篇诗赋颂扬父皇的功绩。与此同时，对于自己的几个师傅，他也极表尊重和关心。遇有喜庆，则赠诗祝贺；返籍养病，又寄诗怀念。尤其是对其中的鄂尔泰、张廷玉二人，因为他们是父皇所宠任的当朝重臣，更是优礼有加，推崇备至。雍正十年鄂尔泰奉命经略西北军事，弘历即作《送毅庵鄂相国奉命经略西陲》二诗相赠，诗云：

清秋霁日照征鞍，上相临戎剑气寒。
诏旨钦承三殿密，机宜默运寸心殚。
马腾士饱来裴度，风声鹤唳避谢安。
欲别先生何所赠，临风握手劝加餐。

书文一轨泰阶平，蠢尔戎夷敢弄兵。
天子运筹频下顾，相臣经略此西征。
风翻武帐三台入，日耀军门万戟明。
伫看对飏歌虎拜，边烽永熄玉关清。

次年，张廷玉奉旨返安徽桐城原籍举行其父张英入祀贤良祠典礼，弘历又作《送桐城张先生暂假归里》一诗相赠，诗曰：

丹凤衔书下紫廷，枞阳早已望台星。
新恩优渥荣旋里，旧德绵长肃荐馨。
北阙丝纶方待掌，东山弦管暂教听。
即看稳步沙堤上，飏拜从容对御屏。

在前诗中，他将鄂尔泰比作是当今的谢安和裴度，祝愿他出征之后马到成功，“边烽永熄”，而同时又对其健康表示关怀；在后诗中，他指出张廷玉是朝廷不可须臾离的重臣，对二人的推重之意溢于辞章。此时，鄂、张二人都已见到过雍正的建储密旨，而弘历又对自己如此推重，怎能不使他们感激涕零地以图报效！对于自己的同窗二十一叔允禧、二十四叔允祕，则时时感念祖父康熙对自己的眷爱以联络相互间的情感；对于自己的同胞兄弟弘昼，则于诗中称“鸰原欣得侣，雁序愧先行”，以有弟为喜，并于端重自尊中略存谦逊之意。即使是对于统治集团上层所瞧不起的太监，弘历也非常谨慎，从不轻易加以触犯。这样，终雍正一朝，康熙末年人们纷纷攻讦皇太子的情况就再没有出现。弘历和周围人士的关系是融洽的，雍正对弘历是满意的，弘历内定储君的地位是稳固的。

雍正元年八月，雍正以弘历为内定储君，秘密建储。而后，又于雍正八年八月、十年正月两次将建储密旨密示两位当朝重臣鄂尔泰和张廷玉，均见之当事人记载。可以说，自雍正元年至雍正去世，雍正建储目标迄无动摇。有的学者竟无视这些基本史实，仅据一些靠不住的传闻（雍正病重，梦见废太子允礽阴魂向其索命。为求活命，雍正封允礽为海神，并进允礽之子弘皙为亲王）推断，雍正曾将弘皙作为建储对象之一予以考虑。一些小说又就此演绎、编造雍正去世后，由庄、果两亲王和鄂、张四人共同出面说项，以弘历之子永琏健在为弘历继位条件的情节。后来永琏去世，酿成了乾隆初年弘皙图谋不轨的政治事件。显然，这些都是不顾史实的无稽之谈。

鄂尔泰

西林觉罗氏，字毅庵，满洲镶蓝旗人，是雍乾之际出身满洲的有才有识的重臣，不但在雍正中颇有建树，而且在雍乾最高权力过渡之际发挥过重要作用。

康熙三十八年，鄂尔泰中举。四十二年，袭为佐领，任三等侍卫。五十五年，迁至内务府员外郎。时为皇子的雍亲王胤禛以私事干求鄂尔泰，被严词拒绝。雍正即位后，想起鄂尔泰敢以低级郎官拒绝皇子干求，正是自己心目中的理想人物，雍正元年以他为云南乡试考官。不过数月，又特擢他为江苏布政使，总揽全国最为繁巨的钱粮事务。三年，再迁广西巡抚、云南巡抚，并以巡抚治云贵总督事。鄂尔泰的政治才干得到充分施展，不但善政迭举，还做了一篇改土归流的大文章。十年，拜保和殿大学士兼兵部尚书，办理军机事务。特命授一等伯爵，世袭。不久，又经略征讨准噶尔军务并取得额尔德尼昭大捷。从此，雍正不但在中枢决策中对之言听计从，而且还以建储密旨密示鄂尔泰，并托付后事。十三年春，苗疆再度叛乱，鄂尔泰引咎辞职。雍正帝暴崩，弘历遵照雍正遗命请他复出，与庄亲王允禄、果亲王允礼、大学士张廷玉共同辅政。作为宗室之外唯一的满洲重臣，在平衡各派势力、建立乾隆统治方面，鄂尔泰发挥了重要作用。乾隆视其为国家柱石，乾隆二年恢复军机处即以鄂尔泰为首席军机大臣，还晋封其为三等襄勤伯、领侍卫内大臣、议政大臣。

鄂尔泰位高权重，自有一批王公贵族和高级官吏趋之若鹜，使乾隆如同芒刺在背，极觉不快。再则，其子弟姻亲布列满朝，并与张廷玉势力发生了冲突，影响了政局的安定。乾隆五年，乾隆即开始惩治鄂、张朋党。最初，虽是以惩治张廷玉党羽为重点，但对鄂尔泰亦有涉及。如乾隆七年，以鄂尔泰与门生副都御史仲永檀私下计议具奏内容而逮仲永檀下狱，对鄂尔泰也轻罪重罚，将其所有加级纪录俱着削去，降三级。乾隆十年，鄂尔泰病死在军机大臣任上。当时，乾隆下令，遵照雍正遗诏，将鄂尔泰配享太庙，入祀贤良祠，谥“文端”。不久，又裁抑打击其族党势力，鄂尔泰侄子鄂乐舜、鄂昌和门生胡中藻等相继被处死，鄂尔泰本人亦被下令撤出贤良祠，以“为大臣植党者戒”。

张廷玉

字衡臣，安徽桐城人，是雍乾间长期参与中枢决策的朝中重臣，对于雍乾两朝皇权的加强和清朝中期政局的发展均起过重要的作用。

张廷玉之父张英在康熙间仕宦显达，并曾长期担任包括废太子允礽、皇四子胤禛在内的诸皇子师傅。他仕途顺利，至康熙之末已为刑部侍郎。雍正继位，即擢其为礼部尚书兼翰林院掌院学士。不久又调他担任工作最为繁巨的户部尚书，还以他为主要人选之一，教授自己的内定储君皇四子弘历读书。至此，张廷玉成为雍正的亲近重臣。

张廷玉早年熟读诗书，兼之以仕宦二十余年，从政经验丰富，确有经纬之才。他受命纂修圣祖实录，深合上意。雍正八年用兵西北，设立军机处，张廷玉入直其中，参与机密。其时机构草创，所有规章制度概出张廷玉之手。其主要者，一是以奏章种类不同而分别其作用和投递渠道，二是创行廷寄这一新的下行文书，进一步加强了皇权及中央对地方事务的管理，对此后清朝政局的发展也产生了深刻而重要的影响。因此，他深受雍正赏识和信任，成为雍正身边须臾不可离的重臣，职务也一升再升。八年，雍正特示建储密旨并以后事相托，同时还特准他和鄂尔泰身故之后与其他开国功臣一起配享太庙。雍正暴崩，张廷玉与鄂尔泰一起遵照雍正建储密旨拥立宝亲王弘历即位，并以总理事务王大臣名义在革除雍正败政、调整统治政策以稳定政局方面发挥了重要的作用。为此，乾隆二年复设军机处，即以张廷玉为军机大臣，特进其为三等勤宣伯。朝堂之上，乾隆呼其为“先生”而不名。张廷玉权势、声望空前上升，个人势力长足发展，族党姻戚布列满朝，社会普遍传言“张阁老在，天下无事”，使得与其同列的以鄂尔泰为首的满洲旧臣极觉不快，同时也招致了乾隆的疑忌。因而，从乾隆五年开始，乾隆即以打击朋党为旗号，不断裁抑并限制张廷玉势力，并寻机对其压抑、指责甚至处分。张廷玉逐渐心灰意冷，多次要求引退，除了要求兑现雍正遗诏中规定的配享太庙外别无所求。乾隆始则假意周旋，反复慰留并准其所求，继而对其严厉指责并罢其身后配享太庙之权，使得张廷玉灰头土脸地返回原籍桐城。乾隆还穷追不舍，没收其在京房屋财产，惩罚其各地余党。受尽凌辱之后，乾隆二十年春，张廷玉在原籍病故，终年八十四岁。这个历仕三朝、一生以加强皇权为事业的张廷玉最后却自食其果，成了皇权之下的一个牺牲品。

第三章　初嗣大宝

雍正的突然去世，使乾隆在匆忙之中登上了皇帝的宝座。然而，乾隆从幼年起就系统地接受修身、齐家、治国、平天下的政治思想，儒家经典中尧舜治世的描述是他神往的境界，继承皇位为他施展自己的政治抱负提供了舞台。即位伊始，他就着手革除前朝弊政，从而迅速稳固了自己的统治，中国就此步入了长达六十多年的乾隆时期。

雍正十三年八月雍正去世，从此，弘历永远告别了十几年的皇子生活，掀开了他的六十多年帝王生活的第一章。

雍正从生病到去世时间甚短。据史载，八月二十日，雍正开始生病，但他并不在意，仍在圆明园照常办事。二十一日、二十二日也“听政如常”。二十二日夜，病情急剧恶化。这时，弘历、弘昼皆趋至榻前看护，并急召庄亲王允禄、果亲王允礼、大学士鄂尔泰、张廷玉等至圆明园。待他们到来时，雍正已不省人事，“进药罔效”，遂于当夜子时去世。在清朝历史上发挥过重要作用的雍正就如此匆忙地结束了他有意义的一生。

雍正生病和去世之速虽然出人意料，但由于他在生前对继嗣问题已有布置，他死之后最高权力的过渡进行得相当顺利。雍正一去世，鄂尔泰、张廷玉和其他几位宗室重臣本着“国不可一日无君”的思想，立即担起了拥立嗣君的重任。首先，由张廷玉取出雍正当年存于圆明园的那份建储密旨，当着众大臣之面于灯下宣读，并拥弘历于灵前即位。而后，弘历即根据雍正八年六月雍正对后事预作的安排，任命庄亲王允禄、果亲王允礼、大学士鄂尔泰、张廷玉四人为辅政大臣。一个以嗣皇帝弘历为核心、以雍正生前所宠任的宗室重臣为主要成员的最高权力机构就这样极为迅速的产生了。其时，距雍正皇帝去世还不到一个时辰。

最高权力机构成立之后，弘历和在圆明园的全体宗室重臣连夜奉雍正遗体返回紫禁城。而后，成立了由履郡王允裪、和亲王弘昼等许多臣下共同参加的治丧机构。在这一机构的主持下，当日，弘历以下所有王公大臣、妃嫔齐集内廷，剪发成服并将雍正遗体入殓。与此同时，为了防止大丧期间随时可能发生的内部变乱和外敌入侵，保证国家机器的正常运转，几位辅政大臣也异常忙碌。雍正遗体和全体护送人员刚刚进入紫禁城，果亲王允礼便将紫禁城各门钥匙要到手中亲自掌管，并特委专人稽查乾清门出入人等，以保护雍正遗体和嗣皇帝弘历的安全。尔后，又下令将雍正间所有圈禁人员严加看守。此外，飞谕西路军营署大将军查朗阿近期不得来京，还驻肃州，严防准噶尔部乘机进犯。鉴于张照经理平定苗疆叛乱事务不善，致使叛乱有日益蔓延之势，因而调其进京，派湖广总督张广泗总理苗疆事务。

辅政大臣刚刚任命两天，鄂尔泰、张廷玉便向弘历提出辅政之名不甚妥当。辅政一词曾用于康熙朝之初，其时康熙年仅八岁，现在袭用其名，不但显得对弘历不尊重，而且也极易使人想起当年专横跋扈的鳌拜，对鄂、张等人也并无好处。他们要求，仍用雍正居丧期间的“总理事务”名称。对于这一要求，弘历当即表示同意，并下令将这一机构改称“总理事务处”。这一决定，突出了嗣皇帝在统治集团核心中的作用，并对总理事务王大臣的权力有所限制，对于以后乾隆统治的巩固和加强起到了积极的作用。

在总理事务王大臣和治丧机构的共同努力下，八月二十七日，向全国颁发了雍正遗诏。九月初三日，弘历即皇帝位于紫禁城内的太和殿，并颁登极诏书于全国，大赦天下。改明年年号为乾隆元年，颁乾隆新历，铸乾隆通宝。九月十一日，移雍正梓宫于雍和宫永佑殿。九月十九日，二十七天服满，乾隆移居养心殿。至此，乾隆在全国的最高统治地位初步确立，清朝的历史进入了乾隆时期。

从幼年时代开始，乾隆即熟读《诗》《书》，比较系统地接受了儒家学说中修身、齐家、治国、平天下的政治思想，儒家经典中关于尧舜治世的记载成了他所神往的境界，继承皇位为他施展自己的政治抱负提供了舞台。这样，即位伊始，这个青年君主即着手革除前朝败政，从而在不长的时间里迅速巩固并加强了自己对全国的统治。

乾隆在调整统治政策中，最先转变的是治理国家的指导思想。其父雍正为政崇尚严猛，应该说，这是他能够取得成功的一个法门，但也因此而树敌过多，在一定程度上不利于自己的统治。有鉴于此，雍正刚刚去世，乾隆即借颁布雍正遗诏之机放出了改变雍正治世思想的信号，提出了自己宽严并济的治世思想。而后，他又利用各种场合，对他的宽严并济思想进行了更为具体的解释。他说："治天下之道，贵得其中。故宽则纠之以猛，猛则济之以宽。""天下之理，惟有一中。中者，无过不及，宽严并济之道也。"根据这些思想，他对雍正的政策进行了全面的审查，并进行了纠正雍正败政的工作。

其一，处理政治积案。雍正一朝，各种各样的政治斗争次数多、涉及范围广、持续时间长、社会影响大。其中，最为突出的是阿、塞和年、隆两案。阿其那、塞思黑原名胤禩、胤禟，本是雍正的同胞兄弟，仅因在康熙末年竞争皇太子，从而成了雍正眼中钉。雍正继位后，分别将他们革除宗籍，废为庶人，名字改为“阿其那”（满语猪之意）、“塞思黑”（满语狗之意），并先后将他们迫害致死。受此株连，阿、塞二人子孙被革除宗籍。雍正的其他几个兄弟如允祉、允䄉、允禵皆被圈禁高墙，皇室内部矛盾十分尖锐，这是刚刚即位的乾隆面临的一个严重的内顾之忧。为了收揽人心，乾隆即位伊始，即以“亲亲睦族”为旗号，释放圈禁宗室，着手办理革除宗籍人员“附载玉牒”“分赐红带、紫带”事宜。根据他的指示，允䄉、允禵等先后获释出监，恢复原名，给还爵位；阿其那、塞思黑及其党羽骨干延信、苏努等人的子孙也被发还产业，赏给俸饷，赐予红带，收入玉牒。与此同时，他还提倡以孝治天下，对宗室采取了比较宽厚的政策。对于宗室中的长辈，撰封册文时不称“尔某”，以示敬长之意。对于孀居紫禁城内的康雍两代皇帝的几个妃子，因为她们和封藩在外的儿子极少见面，则于岁时伏腊、令节、生辰准许各王贝勒迎养于各自府邸，以享天伦之乐。对于康雍以下的近支宗至，也普予封爵。所有这些都在一定程度上缓和了原来十分尖锐的皇室内部矛盾，为团结统治阶级各阶层奠定了一个很好的基础。年、隆一案的主要当事人年羹尧、隆科多，原来都是雍正的亲近大臣，对于雍正统治的建立和巩固曾起过重要的作用。但因他们专横跋扈、恃功不臣，对雍正的统治构成了威胁，雍正三年至雍正五年，雍正对他们二人及其党羽进行了清洗。与此同时，雍正还大兴文字狱，对和年、隆二人有过来往的官吏和士人加以残酷打击，主要有汪景祺《读书堂西征随笔》案和查嗣庭江西乡试试题案。汪景祺、查嗣庭二人和家属因此受到诛戮或流放，汪、查二人浙江原籍的乡试、会试被停止。其他各种类型的文字狱也连绵不绝。雍正的这些举措，使得全国上下各级官吏、士子人人自危，"士子以诗文为戒"，"乡、会两试考官，每因避忌字样，必择经书中吉祥之语为题"，国家政治生活处于极不正常的局面。对于这些问题，乾隆在"备位封藩"时便已有所闻，因而即位之后首先允许年羹尧冒滥军功案内革职的知县、守备以上的文武官员起复，"酌量降等录用"。而后，又将各起文字狱案涉及人员通行释放回籍。除此之外，为了解除广大官员、士子的疑忌心情，他还连颁谕旨，反复劝谕："嗣后一些章疏，以及考试诗文，务期各展心思，独抒机轴，从前避忌之习，一概扫除。"为了制止民间的"挟嫌陷罪"和各级官吏的"见事生风，株连波累"，他除下令各省对以往文字狱案件通行复查之外，还特别规定"妄举悖逆者，即反坐以所告之罪"，承审官吏"有率行比附成狱者，以故入人罪律论"。这些规定，缓和了一个时期中最高统治者和广大官吏、士子之间的紧张关系，对自己统治地位的巩固也起到了一定作用。

其二，对于各级官吏、绅衿生监和广大农民，乾隆也采取了比较宽厚的政策。即位之初，即将雍正朝因亏空钱粮而被革职的两千来名官员悉数宽免。不久，又下令将在京大小文武官员俸银各加一倍。对于内外佐杂官员，也普遍给予养廉银。对于绅衿生监，雍正时期管理一直十分严格，先后革除儒户、宦户等名目，规定士民一体当差。抗欠钱粮、包揽词讼者，当即革去功名，严加惩治。乾隆即位后，首先下令将原先因抗欠国课而遭褫革的生员分别开复，同时，又陆续决定"嗣后举贡生员等着概行免派杂差"。发遣犯人中，"有曾为职官及举贡生监出身者，一概免其为奴"。生员犯过，地方官当先经学政批准，"始能会同教官于明伦堂戒饬，不得擅自饬责"，从而在一定程度上提高了他们的社会地位。对于广大劳动人民，他也频施恩惠。登极恩诏中，首先宣布将雍正十二年以前各省钱粮实欠在民者全数宽免。而后，又陆续放宽灾蠲范围，针对各地遭灾实际情况，分别进行了一些地区性的钱粮蠲免。与此同时，他还采取各种措施，如划一赋税征收标准，减免一些地区过重的正额赋税；禁止溢收耗羡，限制各级官吏的额外剥削；裁除一些地区的苛捐杂税和非法摊派，清厘并豁除各地雍正间虚报的开垦地亩数字，等等，都在一定程度上减轻了人们的经济负担，对于社会经济的发展起了一定的推动作用。

其三，对于雍正朝的其他明显败政和一些累民措施，乾隆上台之后也都用力加以革除。首先是限制和打击僧道势力。在雍正纵容下，雍正朝僧道势力发展极快，引起了广大正统儒生和官僚的不满，也影响了雍正本人的声誉。雍正驾崩的第四天，乾隆即颁发上谕，将供奉内廷的僧道全部驱逐回籍。而后，又分别通过颁发度牒、禁止各地擅造寺观等措施，对全国僧道严加限制。经过他的整顿，在政治上排除了僧道势力对国家事务的干扰，在经济上也限制了宗教势力的发展。因而，这一活动得到了广大官吏士民的支持和拥护。其次是禁陈祥瑞。和中国历史上的不少帝王一样，雍正相信天人感应。在他的影响下，终雍正一朝，祥瑞不绝，什么嘉禾、瑞麟、凤鸟、甘露、卿云现、黄河清等，不胜枚举。这股虚夸风气使得最高统治者很难掌握全国的实际情况，乾隆对此深为反感。他说，如果百姓安居乐业，虽无祥瑞，"亦无损于太平之象"。相反，国家治理不好，"即使休嘉叠告"，也毫无作用。他还告诫臣工，应该以"实心实政保守承平大业，切不可务瑞应之虚名，致启颂扬之饰说也"。因此，他下令，"嗣后凡庆云、嘉谷、一切祥瑞之事，皆不许陈奏"。至此，十几年来对全国人民的政治生活发生过极大影响的这股陈奏祥瑞的歪风方才停了下来。再次是除去各种累民措施。为了兴建浙江海塘和对准噶尔用兵，雍正曾先后开捐。因为人口增殖、政务繁忙，为了便于统治，雍正曾允许各地增设州县和一些官职，给地方制造了一些混乱。此外还有：宣扬乐善好施、道不拾遗；岁举老农，奖给八品顶戴；兴办八旗井田；派遣外省教师担任福建正音教官等。这些措施也都在执行中弊端百出。针对这些问题，乾隆或者斟酌实情，严格批准手续；或者停止执行，改复旧章。如雍正十三年十月，以捐纳"无益吏治"而停止开捐。与此同时，还以改隶州县，"百弊丛生，增设一官，事绪益纷，供给送迎，闾阎滋扰"；陈奏乐善好施，道不拾遗"直是另开捐纳之条，而胥吏土豪，乘此得以侵蚀"，而分别下令禁止督抚滥请改隶州县、不许再行陈奏乐善好施、道不拾遗等。乾隆元年七月，停岁举老农给予八品顶戴之例；十一月，改井田为屯庄。乾隆二年三月，又将各省进驻福建之正音教职人员悉数发回，改从本省教职中“慎选熟晓官话者，专司正音教职”。

在封建社会里，多数封建帝王都恪守祖宗之法不可变的信条，使社会长期停滞不前。乾隆即位之初，即对前朝败政予以纠正，表现了他讲究实际、不墨守成规的精神，也说明了他是一个奋发有为的君主，因而得到了人们普遍的拥护。当时民谣云：“乾隆宝，增寿考；乾隆钱，万万年。”应该说，这是反映了当时人们的心态的。

为了展示乾隆即位前后社会的主要矛盾，一些电视剧本编造雍正帝去世前后，弘历正在从江南私访返京途中，还遭到了当时觊觎皇位的康熙废太子允礽之子理亲王弘皙和白莲教势力的联合袭击，多亏两江总督李卫保护，方才脱险并平安返京即位。按之实录，弘历在继位之前，仅于康熙六十一年夏秋之际随同康熙北巡塞外，而后，还曾于雍正中六次受命祭祀位于遵化的康熙景陵，除此之外并未出京城半步。同时，李卫自雍正十年调任直隶总督之后，至乾隆三年十月职务一直未动，更未担任过两江总督、山东总督各职。因而，这些小说尽管情节丰富，曲折动人，但都是向壁虚造的无稽之谈。

对于乾隆即位之初调整统治政策、释放被圈禁宗室之事，一些小说、电视剧也极意渲染，编造了乾隆夜访十四叔允禵并请其参与军机处的情节。核之史实，皆无此事。允禵在乾隆即位后虽获释放，并于乾隆二年、十二年、十三年先后进封辅国公、贝勒、恂郡王，但因为他是雍正争储夺嫡斗争中的主要政敌之一，至乾隆二十年允禵去世，乾隆始终未让他管过什么正经事，更不用说与议军机了。

第四章　治国秘诀

如果说革除前朝弊政是乾隆稳固自己宝座的筹码，那么，坚持秘密奏折制度和重建军机处则是乾隆加强自己皇权的两大秘诀，也是他六十多年日趋强化的专制统治的制度保障。

因为雍正的秘密建储，乾隆即位之前没有自己的僚属，更谈不上在官吏队伍中有自己的亲信。即位之后，便一肩挑起管理十几万官吏、近百万军队、一亿多人民的重担。那么，这位羽翼未丰的年轻君主是用什么方法挑起这副重担的呢？正像江湖艺人都有两手绝技一样，乾隆管理国家也有两手绝活：一手是秘密奏折制度，另外一手就是重建军机处。

秘密奏折制度最早开始于入关之初的顺治、康熙时期，本为当时两种上行文书题本和奏本的补充和附庸。其主要特点是，具折人可以直接和皇帝本人秘密联系，不必像题本、奏本一样经通政司转呈内阁、经内阁票拟之后再和皇帝见面，而是直达御前。当时，可以具折言事的只限于少数高级官员和皇帝的几个亲信。雍正时期，为了加强皇权，进一步控制各级官员，对于奏折制度更加重视，不但具折言事官员的范围进一步扩大，在中央供职的身份较低的监察官员和各省布、按两司以及一些知府皆可具折言事，而且奏事内容也更多地转到和统治安危直接相关的政治事件上来。这样，皇帝随时可以通过各地官员打来的这些秘密报告了解包括各级官吏在内的全国军政财文各方面的情况；而各级官吏却因此而被一条无形的绳索紧紧地捆住了手脚，只能服服帖帖，不能有任何越轨行为。对于这种特务制度，乾隆十分赞赏。即位之初，虽于雍正政策多所改动以博取宽大之名，在居丧期间还把处理国家日常事务的工作交给总理事务王大臣办理，但对奏折制度却一不废除，二不假手于人。雍正去世的第二天，他即规定："若有密封陈奏事件，仍令本人自行交奏。"并下令"其从前何等官员准其奏事，或有特旨令其奏事者，俱着照前折奏"。与此同时，他还不顾一些臣下对奏折制度的批评，进一步扩大拥有奏折言事官员的范围，下令"于大臣九卿科道外，并准部属参领及翰林等俱得奏折言事，以收明目达聪之效"。对于处理奏折，乾隆也十分认真，"详细览阅，不遗一字，遇有差讹，必指出令其改正"。而且，外出巡幸期间，也绝不委人代办，而规定"自起銮之日为始，凡有外省奏折，俱赍付在京总理事务王大臣加封，交由内阁，随本呈送行在，候朕批示，随本发回"。与此同时，有鉴于奏折在处理国家事务中的作用愈益重要，他还在雍正朝各种旧有规定的基础上，提高奏折在所有上行文书中的地位。乾隆十三年，他正式下令："将向用奏本之处，概用题本，以示行简之意。"从此，奏折又成了与题本并行的两种最重要的上行文书之一。而且，由于当时许多机密政务，中央和地方的官员都是先用奏折报告皇帝，得到皇帝首肯后再以题本形式正式向中央政府有关机构打报告，以便完成批准手续，虽然其与题本并为上行文书的两种基本形式，但其作用却远在题本之上。除此之外，乾隆还采取各种措施，加强奏折的保密程度：一是坚持满洲官员奏事用满文具折而不得使用汉文；二是严禁将奏折上皇帝的批语引入具题本章；三是不准具折人将具奏内容和乾隆之批语泄露于同僚或者上司官员；四是为防奏折呈送途中发生泄密，对所有具折言事官员，概行颁发凭匣和钥匙，只有具折人和皇帝才能开启。这样，由于乾隆高度重视和制度健全，奏折制度在乾隆专制统治不断强化的过程中发挥了十分突出的作用。统治集团中几次较大的政治斗争、各级官吏中各种贪污不法案件的揭发和处理、多起文字狱的制造和对人民反抗斗争的镇压等，无不通过奏折的形式得到了极为迅速和秘密的处理。

军机处初建于雍正七年，本名军机房，原是西北用兵期间为了军事上的机密而设置的一个临时机构。由于在此期间有关西北用兵的一些机宜事务既不经内阁票拟批答，又不经议政王大臣会议讨论决定，而是径由军机处直达御前，由雍正自行处理，故而，这一机构的建立对于雍正皇权的加强起过一定的作用。尽管如此，终雍正一代，军机处的工作范围却没有超出筹办西北军务之外。有些重要事务如雍正十三年的平定苗疆叛乱，雍正还于军机处之外另行任命办理苗疆事务王大臣办理。乾隆即位之初，在统治政策的调整中，曾将军机处作为一项前朝败政予以取消。这些情况表明，军机处建立之初，由于皇权尚未得到充分发展，军机处在管理国家事务中所发挥的重要作用尚未引起最高统治者足够的重视。

雍正去世后，由总理事务王大臣暂时处理国家日常事务，但因这些人不是宗室就是重臣，职位尊崇，联络广泛，长此以往很容易自成体系而尾大不掉。再者，为了处理要务，乾隆每日仍须阅看并处理大量的奏折，对于一个青年皇帝来说，无论就个人精力还是统治经验而言，都有极大的困难。阅览、处理尚且如此，更不用说核实情况和督促、落实并检查办理情况了。因而，他迫切需要一个既能贯彻自己意旨、又有工作效率的工作机构。这样，三年丧满之时，乾隆撤销总理事务处，又恢复了雍正年间设立的军机处。

由上可见，乾隆重建军机处的直接目的是加强皇权。因而，在确定军机处的编制和规模、遴选军机大臣、赋予军机处权力、确定军机处工作范围等方面较之雍正时期更为自觉，更为主动。首先，在人员编制上，雍正年间，军机大臣在职者始终没有超过三人，而乾隆重建军机处，一下子便任命了六位军机大臣。其次，对于军机大臣的遴选，乾隆也有自己的标准：一是不准宗室担任，以防大权旁落；二是首席军机大臣必须是满人，以保证满族权贵在政权中枢的突出地位；三是不问资历，提拔亲信。如果说，军机处重建之初，乾隆尚不得不任用鄂尔泰、张廷玉等雍正旧臣担任军机大臣，那么，乾隆十年以后，随着其统治地位的日益巩固，他便先后将傅恒等亲近人员拉进军机处，从而将军机处完全置于自己控制之下。再次，完善军机处各项制度，加强保密。乾隆十四年他下令将雍正年间军机处“办理军机事务”六字印文改为“办理军机事务印信”八字印文，并规定印信平时由内奏事处之夸兰达太监收存。用印时，由值班军机章京以镌有“军机处”三字之金鍉将之请出，用毕立即交还。为了保密，不但军机处的听差皆拣选十五岁以下不识字的幼童充任，而且在军机处值庐专派御史往复稽查，不准任何人窥探。对于通过各种方式向军机章京刺探情报的各地督抚，则严加处理。最后，通过各种方式削弱中央和地方各机关的权力，而将之集中到军机处。因而，和雍正年间相比，乾隆时期军机处处理事务增多，权力愈加扩大。“内而六卿部寺暨九门提督、内务府太监之敬事房，外而十五省、东北奉天、吉林、黑龙江将军所属，西南至伊犁、叶尔羌将军、办事大臣所属，迄于四裔诸属国，有事无不综汇。”在这中间，除了帮助皇帝撰写上谕、处理奏折、审核内阁及翰林院所拟诏旨、议大政、谳大狱、为皇帝准备政事参考资料、参与科举考试、奉派出京查办事件、陪同皇帝出巡、记录和积累有关档案等事务性工作之外，还对从中央到地方的各级文武官员的使用和任免提出草案，供皇帝本人选择，从而使其超出内阁之上而成为全国政事的中枢。尽管军机处在国家政治生活中发挥着如此重要的作用，可是乾隆却始终没有为之专设衙署，从军机大臣到军机章京皆为兼衔。其工作范围虽广，但说到底不过是一个“供传述缮撰”，“而不能稍有赞画于其间”的皇帝本人的秘书班子而已。因而，军机处权力的加大，仅仅是皇帝个人权力的加大。通过重建军机处，不但把传统的议政王大臣会议的权力剥夺殆尽，使其名存实亡，而且也使明朝以来的内阁形同虚设。在利用军机处这一机构攫取权力、管理国务上，乾隆算得是得心应手、炉火纯青了。

由于小说、电视剧作者不谙清朝典制，在涉及秘密奏折周转及其与军机处关系时往往含糊其词甚至出现错误。密折作为一种机密上行文书，皇帝在京期间，在京官员进折一般自诣乾清门东侧之景运门，在外官员进折则派遣专差或通过驿递前赴景运门，交予外奏事处官员登记之后转于内奏事处奏事太监呈送皇帝本人。其中皇帝可以自行处理者或特密事务，则径于折上批示，并绕过军机处交驿径送具折官员执行。需要讨论者，则召集军机大臣共同商议，作出决定，由军机处起草谕旨，经皇帝修改，交兵部捷报处按驿发出，称为“廷寄”。终清之世，军机处并无接受外臣奏折的权力，而仅是根据皇帝需要奉旨处理部分奏折而已。因此，小说、电视剧中多次出现军机处收到外地官员奏折的情节只是想当然，同时也于无形之中降低了秘密奏折在政务处理中的地位，并淡化了皇帝独揽秘密奏折阅览、处理大权对于加强皇权的意义。

第五章　励精图治

乾隆为巩固自己的统治，不但在政治上采取了一系列措施，还在经济上实行了一些政策，如“民夷”垦种荒地免交赋税，并将垦荒多少作为官吏考课升黜的重要内容；重视兴修水利，亲自抓了浙江海塘等水利工程。更值得一提的是，乾隆“蠲免天下钱粮”，其次数之多、地域之广、数量之大、效果之好，在两千多年以来的中国历代帝王中更是前无古人，后无来者。

乾隆元年十月，乾隆将雍正梓宫送往易州泰陵安葬，雍正的丧事告一段落，乾隆皇帝开始御门听政，挑起了综理天下庶务的重担。从此以后，他以全部精力投入到管理国家事务的工作中。

在乾隆时期的各种国家事务中，最为突出的一个问题是人口急剧增长和社会经济发展相对缓慢的矛盾。据估计，三藩叛乱平定之初，全国人口近七千万，而至乾隆初年人口普查时已逾一亿四千万。这样，全国人民生计问题愈益突出。为了防止发生新的社会动乱以巩固自己的统治，乾隆对农业生产予以高度重视。即位之初，他就反复强调“重农务本”，并先后指示臣下编修、刊布农书，试验区田法、推广双季稻、扩大甘薯种植面积等以提高农作物产量。对于其他可资民生的手段，如栽树、植棉、种茶、育桑、养蚕等，也大力提倡。对于不事生产的僧道、娼妓以及有碍粮食生产的酿酒、烟草种植等，或严加限制，或明令取缔。在这诸多措施中，对农业生产起了较大作用的是劝垦田地和兴修水利。

乾隆五年以后，针对当时“各省生齿日繁而地不加广”的严重现实问题，乾隆对劝垦田地表示了异常积极的态度。当年七月，他颁布谕旨，命令各地“开垦闲旷地土”，并规定全国各地的所有荒芜田地“悉听该地民夷垦种”，免交赋税。为了调动各级官吏的积极性，他下令将此作为官吏考课升黜的重要内容。按照这些规定，无主荒地，“官为招垦，给照为业，若本地人力无余，准邻近无业之人承垦，编入土著”。土地业主如已他徙而“承佃之人久经应差纳课”已达三十年以上者即准永为世业。此后，他还一再颁布谕旨，不断扩大这一政策的适用范围，增加免于升科的垦荒亩数。与此同时，对于内地各省民人自发移垦边远省份的活动，他也采取了相当灵活的政策。东北原是清朝先世发祥之地，乾隆以前严禁内地民人出关垦种，但至乾隆时期禁令明显放宽，不但容其居留，而且准其入籍，以致不长时间即由出关民人垦出大片肥沃田土。对山西、陕西、直隶民人租种蒙古牧地，他也以“边民获粮，蒙古得租，彼此两便，事属可行”而批准执行。这样，古北口外，内地民人前往耕种者，“不下数十万户”。对于广东、湖广和江西各省无地民人移垦四川，他的态度也很积极。在他的过问下，南方各省先后有大批贫民获准携眷入川，远至当时人烟稀少的川西、川南等地，开辟荒山野岭，兴修水利工程，种植粮食、茶叶、棉花等。

除此之外，他还亲自主抓了京旗移垦和西域屯田。京旗移垦始于乾隆七年。根据他的指示，先后有数千户在京旗人东行出关，在哈尔滨以南拉林、阿勒楚喀两地垦荒种地。不长时间，该地“满洲日多，居民日密，商贩牲畜不期而集”，一片繁荣景象。西域屯田虽然始于康熙时期，但因当时中央政权和准噶尔地方政权兵戈不休，效果一直不甚理想。准噶尔、回疆两次叛乱平定之后，乾隆专拨内帑三百万两，采购牛具、种子，大规模的屯田活动才正式开始。以屯田范围而言，原先不过巴里坤、科布多、哈密数地，此时，除原来地区继续增垦外，西至伊犁，北至塔尔巴哈台、雅尔，南至哈喇沙尔、辟展、托克三、乌什等地先后规划屯田。以屯田形式而言，除原来的军屯之外，回屯、民屯、商屯、遣屯等各种不同形式的屯田活动也相继兴办。根据他的指示，山东、山西、陕西、甘肃等地不少民人在当地官民的组织下携眷出嘉峪关，前往指定地点屯种；不少商人也纷纷携资前往，认垦田地。以种植农作物而言，原先只有青稞一种，此时则豌豆、大麦、小麦、糜、粟、胡麻等粮食作物和经济作物及各种菜蔬无不大量种植。至乾隆三十年，各种形式的屯田总数已在四十万亩以上，而且以后还在不断增加。由于乾隆重视和屯田措施得力，屯种田地连年丰收，当地军民自给有余。乾隆二十九年以后，甘肃连年遭灾，根据政府安排，还由乌鲁木齐等地调拨粮食赈济饥民。总之，在他的劝垦田地政策的鼓励下，全国垦田数字直线上升，很大程度上缓和了人口迅速增长和耕地相对不足的矛盾，同时也大大促进了当地社会经济的发展。

水利是农业的命脉。为了发展农业以巩固自己的统治，对于各地水利工程的兴修，乾隆也相当重视。继位后不久，他即亲自抓了江南水利、浙江海塘工程和直隶水道疏浚等重要水利工程的查勘和兴修。乾隆三年，他专拨库银一百万两兴修江南水利。不过三年，上下两江各条水道得到了一番普遍的疏浚和治理。除此之外，还于江南各州县修建陂塘、沟渠、圩埂、土坝近百处。对于江浙两省的杭、嘉、湖、苏、松、常、镇七府的沿海海塘的修建和保护，他也花了不少心血，曾先后拨银上百万两，兴建柴塘、石塘，以保护沿海土地免受潮汛破坏。与此同时，根据他的指示，以治理永定河为中心，进行了规模颇大的兴修直隶水利活动。在这一活动取得一定成就后，乾隆九年又将治河重点移到永定河上游——山西境内的桑干河。对于全国各地的水利事业，他也不遗余力地予以提倡。在他的关心下，不少地方官员注重水利事业，全国各地不同规模的水利工程相继兴修。甘肃巡抚宗室德沛和署理陕西巡抚崔纪，即分别在所辖境内组织民众“开渠凿井”。直隶平山县令郭殿正、阜平县令罗仰镳又分别于滹沱河、沙河两岸引水灌田，改造良田数十百顷。河南嵩县知县康基渊则组织人民将县内伊河两旁古渠一律疏通，溉田六万五千余顷。阿尔泰任山东巡抚期间，注重水利，先后修渠灌田，种植水稻五百顷。调任川督后，仍以兴修水利为事。在他的组织下，名山、三台、屏山、南江等县人民在新垦荒地上挑渠溉田数千顷。乾隆三十一年，他又以都江堰“为数十州县水利所关”而组织人民挖深堰底，增筑大坝。此外，一些边远地区如广东、广西、云南和新疆巴里坤一带也都兴修了一些水利工程。其中，巴里坤水利工程还别具特色。乾隆十八年前，该地军队屯种土地，想引南山雪水进行灌溉，但因遍地黄沙，渠水流失严重。为此，乾隆十八年，该地屯军凿木为槽，铺设了一条长达百余里的水渠，改造了大片的良田。所有这些，都对农业发展起了有力的推动作用。在注重兴办水利的同时，乾隆还十分注意除害。当时，全国水道为患最剧者莫过黄河，他逐年拨出巨帑对黄河进行整修，加固堤堰、疏浚河道、开挖引河等，减轻了黄河为患的严重程度。

发展生产之外，乾隆皇帝还通过蠲免钱粮和赈恤灾民以保护生产力。其中，蠲免钱粮大致可分为减除旧额、差役蠲免、蠲除积逋、巡幸蠲免、偏隅蠲缓、普蠲钱漕六个方面。其中，减除旧额集中在乾隆初年，主要是借即位之初调整统治政策之机，适当减轻清初以来一些地区过为沉重的赋税负担。差役蠲免包括战争蠲免、河工蠲免两种。其中，战争蠲免集中在甘肃、四川、云南等地。即位之初，与准噶尔地方政权停战议和，撤回西、北两路大军，将乾隆元年、二年甘肃钱粮全行豁免。乾隆二十二年、二十四年，准部、回疆叛乱先后平定，又自乾隆二十三年起连续四年蠲免甘肃省全部正额赋税。而后，几次大的战争如再征金川、征缅之役等，也都对有关地区进行蠲免。河工蠲免集中在河南、山东两省。乾隆四十八年，曾将河南、山东两省未完之摊征粮、工夫饭食等银一千余万两概行蠲免。蠲除积逋则是将民间历年不能完纳的积欠一笔勾销，以苏民困。其中全国性的蠲免积逋有两次：一次是在乾隆即位之初，将雍正十二年以前全国历年积欠概予豁除；另一次是在传位之前的乾隆五十九年，又将全国积欠银一千七百余万两、粮食三百余万石尽数豁免。

除此之外，他还根据全国各地不同情况，分别进行了一些地区性的蠲除积逋活动。其主要者，在直隶有三十五年、五十五年两次；在山东有四十五年、四十九年、五十五年三次；在河南有十六年、五十七年两次。其他如甘肃等地，因自然灾害较多，兼之连年用兵，蠲除积欠年份更多。巡幸蠲免则是因乾隆外出巡幸而对沿途所经地区的钱粮进行蠲免。一般情况下，每次巡幸经过沿途州县，俱免应征本年地丁钱粮十分之三，有时还于常例蠲免之外格外加恩，扩大减免成数。四谒祖陵于盛京时，俱免沿途今岁田租及庄头粮石、旗地刍粮之半。六次南巡，蠲免数额更高达两千多万两，几乎接近当时全国一年的总收入。在这些蠲赈活动中，次数较多而且影响较大的是对一些受灾地区进行的偏隅蠲缓和几次全国范围的普蠲钱漕活动。

乾隆朝以灾蠲为主要内容的偏隅蠲缓，不但蠲免标准较之前朝有所降低、蠲免范围更大，而且蠲免数字巨大，很多情况下还是蠲赈兼施。按照规定，受灾五分以下者例不蠲免。乾隆即位之初，首先下令将之放宽，并规定受灾五分者亦准报灾并免钱粮十分之一。与此同时，他还针对农民灾后负担比较沉重的情况将原先“缓征钱粮例于下年带征”的旧规定加以修改，决定“缓征钱粮分别带征”以分散纳赋者的负担。因为灾蠲标准降低，灾蠲范围也愈加宽广。据统计，乾隆朝灾蠲的州、县、卫、所共四千九百十九个，平均每年八十二个，较之康熙朝平均灾蠲数多出十七个。此外，蠲赈数字较之前朝也大有突破。乾隆二年畿辅、山东旱灾，一次即蠲免两省正额地丁钱粮一百七十余万两。乾隆七年上下两江水灾，用于赈济的银米即有部帑五百四十万两、米二百二十万石。乾隆十二三年，山东先涝后旱，赈济粮食八十万石。乾隆十六年浙东八府七十余州县旱灾，赈济银米又有近百万石之多。乾隆十八年黄河自江苏两度决口，又赈济银米一百七十余万石。再以江南一地而言，至乾隆十八年时，因灾蠲赈数额已达二千四百九十余万两，几乎相当于雍正时期对这一地区蠲赈数字的二十倍之多。乾隆一朝全国灾蠲总数有多少，由此也可推其大概了。

因灾蠲赈之外，影响较大的还有几次普免全国钱漕活动。其中，普免全国地丁钱粮始于乾隆十年。当时，经过即位之初的调整统治政策和十年来的休养生息，国家府库充实，开支减少，“左藏之储，可供数年之费”。凭借这些雄厚的物资积存，为使普天之下，“一民一物，无不均沾大泽”，是年六月，乾隆决定仿效其祖康熙于康熙五十一年普免天下钱粮旧制，下令将乾隆十一年全国地丁钱粮一概蠲免。与此同时，他还决定，各省蠲免正赋之年如有未完旧欠，一并停其征收，展至开征之年照例输纳，以免民间有追呼之扰。如果各省于应蠲之年遇有水旱，出于特恩又行蠲免，则将其登于档册，再于开征之年补行豁免。为使业主、佃户均沾惠泽，他还谕令各级官吏劝令各地业主酌减租粮。以往历次蠲免，耗羡照例输纳，以为官吏养廉及办公之用。为使蠲赋之年百姓终岁不闻催科之声，乾隆十一年正月，他又作出补充规定：蠲赋之年应征耗羡，一并缓至开征之年按数完纳。按照这些规定，从乾隆十年至十三年，全国各省地丁钱粮分作三年普免一周，总计所蠲钱粮达两千八百二十四万余两。普免漕粮始于乾隆三十一年。乾隆二十四年西北平定之后，中央政府直接控制的版图空前扩大，军费开支却大幅度降低，兼之以连岁年谷顺成、庶物丰殖，国家财政收入较之乾隆初年又大大增多。为使薄海亿兆并裕仓箱之庆，乾隆三十一年正月初一，乾隆决定再行普免全国本年应征漕粮。从乾隆三十一年至三十五年，湖广、江西、浙江、江苏、安徽、河南、山东八省漕粮普被蠲免一过，总计蠲粮不下四百万石。这两次蠲免之后，他还将此奉为国家定制，又先后于乾隆三十五年、四十二年、五十五年和嘉庆元年四次普免全国地丁钱粮；于乾隆四十五年、五十九年两次普免全国漕粮。总计八次蠲免，银两不下一亿四千万两，米粮不下一千二百万石。如果再加上其他蠲免数字，总额在二亿五千万两以上。这一数字，不但较其祖父康熙大有超越，而且在两千多年的中国历代封建帝王中也是绝无仅有的。乾隆推行的这些政策，使得社会经济在清初以来的基础上继续发展，整个社会也因此而比较长期地处于安定之中。

第六章　整顿吏治

“政策确定之后，干部就是决定的因素”，两百多年前的乾隆已深知这个道理。面对官场上愈演愈烈的贪污腐败之风，乾隆采取了狠狠打击、严惩不贷的措施，掀起了一个又一个惩贪高潮。

乾隆初年推行宽大政治，雍正时期撤职的两千一百多名贪官通通官复原职。这一举动，虽然暂时缓和了最高统治者和相当一批手脚不干净的官员之间的矛盾，但却无异于放虎归山。因而，不久，官场上的贪污之风重新刮起，而且愈演愈烈。尤其是解送银两时，上级向下级加收余平，下级向上级馈送方物土宜、金银珠宝已成为普遍现象。更为甚者，一些官吏还侵吞库帑、仓粮，贪占赈灾、备荒、治河款项。这种现象的发展，不但直接影响了国家的财政收入，而且由于贪官之间相互勾结包庇，欺上瞒下，在政治上也极易形成对朝廷的离心倾向。有鉴于此，乾隆不久即转变态度，针对官场上官员腐化日深、贪官日多、赃额日巨、范围日广的现象，采取措施整顿吏治，先后颁布谕旨，严禁州县暗加火耗、侵蚀入己，严禁内外官吏侵蚀国帑。与此同时，对于一些被揭发出来的贪官污吏，也作了相应的处理。广东盐运使陈鸿熙利令智昏，竟以国家正项钱粮放债收利，“积年所获不赀”。案发后，乾隆下令将其革职，“严审定拟具奏”。工部尚书赵宏恩收受贿赂，也被革职，发往军台效力。除此以外，以贪污纳贿而被革职的高级官吏还有两广总督鄂弥达、福建巡抚王士任、江西巡抚岳浚等。乾隆十五年前，乾隆曾两次掀起惩贪高潮，对各级贪官给予了狠狠地打击。

第一次惩贪高潮发生在乾隆六年。当年，根据揭发，先后发现山西布政使萨哈谅、山西学政喀尔钦、浙江巡抚卢焯、步兵统领鄂善、护军统领阿琳、荆宜施道姜绍湘等一批高级官员都有严重的贪污受贿行为。其中，萨哈谅在广东布政使任内已有劣款种种，降调山西后又不顾属员阻拦浮征多收，赃私入己；喀尔钦“贿卖生童，纵仆营私，违禁渔色”，情节俱极严重；鄂善是雍、乾两朝颇受信赖的大臣，受贿案发后，始而承认，继又赖账，影响也十分恶劣。为了刹住这股贪风，他断然下令，将喀尔钦籍没家产、正法示众；将萨哈谅处斩；对鄂善则命令王公大臣等会审定案，赐令自尽。与此同时，他还下令将乾隆元年以来侵贪各案重新审理，改变原来限内完赃、从宽发落的旧规定，将这些贪官通通发往军台效力，“以为黩货营私者之戒”，并规定“嗣后官员有侵贪之案者，亦照此办理”，从而在一定程度上遏制了贪赃之风，促使乾隆初年政治比较健康地发展。

然而乾隆十年以后，贪污案件和贪污数量又开始增多。主要有：乾隆十年，阿炳安主持修理宁夏城工贪污案；乾隆十一年直隶张德荣、张鉴、查锡纳三案；奉天荣大成、吴秉礼、臧根嵩、胡世仁、崇伦永五案；湖广杨统正、曹绳柱二案；福建李潜一案；广东朱介圭一案；云南陈题一案。乾隆十二年后，又先后发生了浙江巡抚常安、云南戴朝冠、贵州古州同知刘樵、四川学政朱荃等多起贪污案件，案情都相当严重。戴朝冠在任期间，公然盗窃国库银两，到原籍大买土地房屋，被逮归案后，又恃年过七十，宁肯死在狱中也不交纳赃银。又如刘樵，侵冒银两达二万多两，并以此为儿子捐纳官职。还有大学士张廷玉的儿女亲家、四川学政朱荃，得知母亲去世的消息后，仍在各处贿卖生童，搜刮钱财。尤为严重的是，一些官员执法犯法，极其无耻地向案犯索贿，如乾隆十四年十一月，刑部郎中西琳、主事巴阳阿、江阿等处理郭金贪污案时，竟至狱中向其索贿七千余两。眼见贪污之案日渐增多，乾隆于十二年再次掀起惩贪高潮，对各类贪污案件作了极严厉的处理。对于情节恶劣的贪污官员，他认为，"此等劣员，多留一日，则民多受一日之害，国多受一日之蠹"，分别委派专员亲行审理，核实无误即行正法。对于其他案犯，虽仍按正常法律程序处理，但为了达到惩一儆百、刹住贪污之风的目的，则催促各地官员加快办案进度，从重处理，以申国法。此外，他还从加重刑法惩治、注重经济惩罚两方面作出了一些新规定。乾隆十二年四月，他下令恢复雍正朝各地亏空令"各该上司分赔"的规定；同年九月，又规定"贪污官员监追二限已满，侵蚀未完尚在一千两以上及贪污未完尚在八十两以上者，秋审时即入情实"。这些规定，使得"上司畏累己而不敢循隐，劣员知失命而遑为其子孙谋"，从而在一定程度上制止了贪污风的继续蔓延。

此后，相当长的一段时间中，作为加强控制各级官吏的一个重要手段，乾隆一直极为注重惩贪。并且，惩贪重点也由一般官员转向高级官员。于此摘取数例略作介绍，以见其时惩贪之大致情况。

南河亏空案：为了保证国家赋税收入，清朝政府每年都拨出巨款整修黄河并为此而专设江南河道总督管理整修事务。因此，经理河务便成了官吏贪污的重要方式和途径。再加上多年以来主持官员昏庸无能，财务管理制度十分混乱，至乾隆十八年夏，积年亏空已达十余万两之多。得知这一消息，乾隆立即将经管河务的高斌、张师载革职。所有与亏空有关官员一概摘印看守，改由外地官员前往办理。正在此案清查过程中，由于多年以来经办官吏积年冒销，堤工单薄，是年九月黄河又自徐州铜山县境内溃决。多年用于治河的巨额银两一概付之东流，四十多个州县的百姓流离失所。乾隆气急败坏，下令将管理该段河务的同知李焞、守备张宾立行斩首，并连颁谕旨，勒限一年完纳亏空，不完者即予正法，向家属追赔。仍不能完纳者，由高斌、张师载代赔。与此同时，为了彻底清查南河弊端，防止亏空案件再度发生，他一方面下令乾隆十年以后历任河库道一并革职，交刑部从严治罪；一方面敕令钦差大臣刘统勋制定条款，加强财务管理。通过这次严格追查，多数官员倾家荡产，完纳亏空。一年限满时，乾隆又杀掉其中未能完纳亏空的部分官员，从而严厉地打击了贪污官员的气焰。

杨灏、蒋洲贪污亏空案：湖南布政使杨灏、山西布政使蒋洲贪污亏空案，是相继发生的高级官员贪污案。杨灏贪污案发生于乾隆二十一年九月。利用经理发放银两买补常平仓谷备荒的机会，杨灏贪污白银三千余两。经乾隆批准，杨灏被处斩监候。次年秋审时，湖南巡抚蒋炳竟以其限内完赃而有意包庇，拟为缓决，并经三法司、九卿、科道共同讨论通过，呈送乾隆批准。这种庇护贪官的行径使得乾隆极为愤怒。他认为，杨灏未行立斩已是格外开恩，此次秋审自应定为情实依律正法。经办官员如此为其开脱，将为督抚藩臬高级官员开创一个恶劣的先例。平时，他们可以肆无忌惮地侵渔克扣，一旦败露，又可以限内完赃而保全性命。针对当时高级官员贪污现象日益严重的情况，乾隆决定对之严加惩治。他一方面严令蒋炳将杨灏立行正法，一方面又以蒋炳企图为杨灏开脱、包庇贪官而将之革职治罪，查抄家产。受此牵连，三法司、九卿、科道许多官员也分别受到降级、革职的处分。

蒋洲亏空案发生于乾隆二十二年十月。蒋洲是雍正年间大学士蒋廷锡之子。乾隆中，由主事累擢至山西布政使，乾隆二十二年七月升任山东巡抚。在他欢天喜地地赴山东上任之时，继任山西布政使的塔永宁揭发他亏空库银二万余两，临行之前还勒派通省属员交银，并在寿阳县犯下砍伐官家树木卖银弥补亏空的罪行。调查发现情况完全属实，并发现山西其他不少官员如按察使拖穆齐图、知州朱廷扬、守备武琏贪污亏空皆盈千累万，山西巡抚明德接受蒋洲贿赂等大量犯罪事实。巡抚藩臬朋比为奸，毫无顾忌，山西官员几乎全行烂掉。“若不大加惩创，国法安在？”为此，乾隆下令将蒋洲、朱廷扬等一大批官员通行正法，明德等许多官员也分别受到革职、降级的处分。

该案处理后，为了防止侵帑事件再度发生，乾隆规定：州县钱粮除应留支俸工、驿站等项外，其余悉应于征到三日内解送上司；新旧抚藩接任离任，皆须将存库银数及有无挪移之处具折上奏。与此同时，为了防止各级官员利用法律上存在的漏洞，他还对法律条文作了一些修改。乾隆二十三年三月，他下令将“斩、绞、缓决各犯纳赎之例永行停止”。同年九月又规定，“所有实系侵亏入己者，限内完赃减等之例着永行停止”。

湖南巡抚李因培指使属员弥补亏空案：乾隆三十年十一月，李因培调任湖南巡抚，并按规定循例具折奏报通省钱粮无亏空。孰知，奏折甫上，常德知府锡尔达便向他揭发了武陵县知县冯其柘亏空库帑二万余两一事。事关前程，李因培对此极为愠怒。他一方面伺机参劾锡尔达以图报复，一方面授意桂阳知州张宏燧代替冯其柘弥补亏空。一切办妥后，始令锡尔达重新盘查。一年多后，张宏燧因他案牵扯，革职交参，其受李因培指使代人弥补亏空的案情才一并被揭露。早在此前，乾隆在处理山西阳曲知县段成功亏空万两、同省三十二州县通同舞弊代补亏空一案时便曾严厉惩罚，大开杀戒，岂知一年之后同类案件又在湖南发生，而且还是出于一省主要官员巡抚之意。为此，他下令将张宏燧、冯其柘即行处斩，赐李因培自尽。与此同时，为了防止侵帑事件再度发生，他还严令各省督抚通查所属，有无亏空，据实回奏，并进一步采取措施加强对州县仓库钱粮的管理。

两淮盐引案：乾隆三十三年发现的一起贪污大案。乾隆十一年后，主持两淮盐务的官员为了筹办迎接乾隆南巡之事，私行规定每张盐引加收税银三两，勒令盐商交纳。乾隆十六年至三十年四度南巡，大半取资于此。除此之外，主持盐务官员还将其中部分银两谎称是盐商乐输报效，公捐银两，以作皇太后、皇帝万寿节以及征讨金川、准部、回疆赏赐之用，以博乾隆之欢心；其余部分，则由历任两淮盐务官员大肆挥霍、中饱私囊。对此，很长一段时间里，乾隆都被蒙在鼓里。乾隆三十三年六月，尤拔世任两淮盐政时，因向盐商勒索重贿未遂，向乾隆揭发了此事的内幕。乾隆大吃一惊。粗略估计了一下，两淮盐商每年销盐二十至四十万引，自乾隆十一年提引迄今，盐引征税当在千万两以上，扣除历次南巡及两淮盐政采买内廷用物所花四百六十七万两，尚有六七百万两白银，或为历任盐政所侵蚀，或为市恩未向盐商征收。为此，他立即将前任两淮盐政高恒、普福和盐运使卢见曾等概行解职交审，查封其任所及原籍家产；同时，又派江苏巡抚彰宝、两淮盐政尤拔世赶赴扬州处理此案。调查发现，历任主持盐务官员都有极为严重的贪污受贿现象。乾隆盛怒之下，将高恒、普福、卢见曾等人依律正法，南巡时因为公捐银两而赐予的商人顶戴通行革去。所欠银两，勒令商众十年还清。翰林院侍读学士纪昀、军机处行走章京王昶、刑部司员黄骏昌、内阁候补中书徐步云因向卢见曾透露抄家消息，也分别受到了充军乌鲁木齐或革职的处分。

贵州威宁州铅厂亏空案：乾隆三十四年十月，贵州巡抚良卿参劾革职威宁州知州刘标及专管铅务之粮驿道永泰等历年以来亏空铜铅及帑银二十余万两。一个小小的知州，亏空数额如此巨大，乾隆十分惊诧，当即派内阁学士富察善前赴贵州，会同良卿审理此案。谁知富察善刚出都门，被参革职的知州刘标、粮驿道永泰的奏折到京，折中控告亏空是由于上司婪索，并揭发包括良卿、方世俊在内的历任贵州巡抚贪赃枉法的事实。奏折中还附有各上司历年勒索底册。为此，乾隆立即将良卿、按察使高积和已经调任湖南巡抚的方世俊革职，并急调湖广总督吴达善、刑部侍郎钱维城等前往审讯。审讯结果：原来这伙蠢贼开始时通同舞弊，倚仗贵州地处边徼，天高皇帝远，透支养廉，私分公帑，无所不为。后见弊端无法遮掩，为争取主动，遂将刘标等当作替罪羊抛了出来。内幕搞清之后，乾隆气愤地说："自来侵亏帑项犯案，从未有若此之甚者。""黔省吏治，狼藉至此，实出情理之外。"他下令将良卿立即正法，其子发往伊犁给厄鲁特降人为奴，方世俊、高积等许多官员也分别被处死。与此同时，为了弥补亏空，乾隆除派官员反复查抄刘标等案犯任所及原籍家产充数外，云贵总督和贵州同官也被勒限摊银分赔。至此，这场轰动一时的贪污大案才算结束。

钱度贪污案：乾隆二十九年至三十七年，钱度曾两任云南布政使。在此期间，他利用手中掌握的对缅战争时支放银两的权力，每放银百两便扣除平余银钱七八分不等。积年放银二千二百余万两，钱度本人即从中侵蚀四万余两。此外，他还通过索取属员贿赂以及监管铜厂扣收平余等手段，从中搜刮白银数万两。为了藏匿这些财富，他要家人"或作地窖，或作夹壁，以作永久之计"。乾隆三十七年，因为他案牵扯，钱度的这些问题才一起被揭露。对此，乾隆极为痛恨，查清案情不久即将钱度正法。和他一起隐匿、寄放财物的儿子钱酆、幕友叶木果等也都受到了严厉惩罚。为了了解并制止各省库银支放中的类似情弊，他还传谕各省督抚将各省藩司如何支放、有无克扣余平及家人掌平之事，即行查明，据实复奏，"勿得稍有瞻徇讳饰，自干咎戾"。

以上所举，不过是乾隆经手处理的几个典型案件。除此之外，由他处理的案件还不胜枚举。由于他对侵贪案件的处理往往极为严厉，不止贪污者本人动辄正法、查抄家产，而且该管上司也往往因失察、办理不力而丢官并在经济上受到严厉的惩罚，因而，在惩贪高潮期间，一些官员被搞得十分紧张，怕祸连及己，一有风吹草动即视为大案、要案，甚至为此还闹出了笑话。乾隆二十五年八月，江宁布政使苏崇阿因为不懂钱粮业务，竟无端认为江宁藩库亏银七十余万两，将之上报两江总督尹继善。尹继善以为事关重大，不敢怠慢，立即郑重其事地上报。乾隆立即派协办大学士刘统勋、刑部侍郎常钧驰驿前往，拘齐人犯，逐一严审，并组织人众一一清查库帑，把一座江宁城搞了个天翻地覆。调查发现，“节年动用之数与现存之数实在款款相符，并无情弊”，使得朝廷上下通通为此受了一场虚惊。

由于乾隆对惩贪的长期性认识不足，兼之此时各级封建机构已经腐朽，因而，这一时期的惩贪时起时落、时宽时严，有着极大的随意性，从而造成了“察吏非不严，而贪墨未息；除恶非不力，而纵逸尚闻”的现象，并使之成为乾隆后期吏治全面败坏的一个重要原因。尽管如此，乾隆惩贪还是收到了一定的效果。通过惩贪，不但严重打击了贪官污吏的气焰，进一步加强了他对各级政权的控制，而且还在一定程度上限制了各级官吏对广大劳动人民的额外剥削，对防止人民生活进一步恶化、保证社会生产的正常进行也有着一定的意义。同时，也保证了国家正常的财税收入，为当时西北边疆地区进行的巩固国家统一的战争提供了强大的物质保障。

关于雍乾两朝惩贪，各种小说、电视剧虽然情节丰满，大致反映了当时惩贪的严厉情形，但是，核之史实，其中错误之处亦复不少。如雍正中被处腰斩者是俞鸿图而非张廷玉之弟张廷禄；钱度是乾隆元年进士，仕至云南布政使，因贪污而于乾隆三十七年被诛，其间从未任过军机章京；李侍尧是清初功臣李永芳之后，以祖荫得授官职而非从科举步入仕途；四川学政朱荃是张廷玉姻亲而非其女婿。还有一些情节，如贺露滢案件显系嘉庆中李毓昌事件的翻版，移花接木的痕迹甚为明显。

刘统勋

字延清，山东诸城人，雍正二年进士，是乾隆间第一位出任首席军机大臣的汉族臣工，对于乾隆前期政局的健康发展发挥过一定的作用。

清初以来，言官地位十分低下，非但不能批评最高统治者，而且，批评皇帝周围亲近臣工亦属大忌，轻则谪戍边远烟瘴，重则殃及身家性命。乾隆六年，刘统勋擢任职司监察的中央最高官吏左都御史，上任伊始即将抨击矛头指向两位军机大臣张廷玉和讷亲。其于张廷玉，则指责其族党仕宦者过多，有尾大不掉之虞；于讷亲，则指责其凭借皇帝信任，职权过多过重，颇显骄横自专。这些，对于意在强化君权、压抑臣权的乾隆来说如获至宝，立即采纳。与此同时，刘统勋职务也一升再升。乾隆十七年，以其为军机大臣，参与中枢决策。乾隆二十年至三十年，又先后任刑部尚书、吏部尚书、协办大学士、东阁大学士等要职。乾隆三十六年，首席军机大臣尹继善病故后，乾隆又特擢他为首席军机大臣。在此期间，适应乾隆帝兴廉惩贪的政治需要，刘统勋经手处理多起高级官吏贪污大案，相当一批贪官因此受到严厉惩罚，从而在一定程度上保证了政局的健康发展。与此同时，对于乾隆的一些错误，他也时有匡正。乾隆以贪污案件层出不穷而一度想改变管理财务的官员的民族成分，以满洲笔帖式充任是职。显然，这一设想并不高明，如果照此办理，不但无法刹住贪风，反而会使满汉矛盾激化。经由刘统勋劝谏，乾隆方才作罢。乾隆三十八年二次金川之役，于木果木遭到惨败，主帅温福阵亡，数万清军溃散。为此，乾隆一度想就此住手，但是考虑到中央政府威信，刘统勋力劝乾隆继续其役并荐阿桂出任主帅。乾隆依计而行，从而取得了最后的胜利。刘统勋虽然位高权重，但却自奉甚俭，对于夤夜上门送钱送物者概予拒绝。以此之故，乾隆三十八年刘统勋病故后，乾隆十分痛惜，特谥其为“文正”。终清一代，臣下得谥“文正”者，不过寥寥数人。

刘统勋的父亲刘棨，是康熙间著名清官，与陈瑸、陈鹏年、张伯行齐名。他的儿子刘墉亦以清廉而有名于时。为了表彰他们的高风亮节，不少电视剧都将他们作为正面人物搬上镜头，但核其情节，失真之处甚多。若就其本意而言，则是可以理解的。

第七章　马上朝廷

在乾隆即位后六十多年的生涯里，各种巡幸不下一百五十次，这不但在清代帝王中绝无仅有，而且在中国两千多年以来的历代帝王中也极为罕见，无怪乎被人称之为“一日不肯留京”的“马上皇帝”。这些频繁的巡幸活动，真正对乾隆朝政治起过较大作用的，则当首推巡幸避暑山庄、秋狝木兰，盛京谒陵，以及六下江南三项。

乾隆时期，清朝疆域辽阔，东至台湾及其附近岛屿，西至帕米尔高原，南至南海诸岛，北至外兴安岭。为了“察民瘼，备边防，合内外之心，成巩固之业”，作为勤政的一种主要方式，乾隆进行了频繁的巡幸活动。据统计，从他即位至去世，各种巡幸活动不下 150 次，绝对离京时间 6751 日。其中谒拜东、西两陵及关外三陵 66 次，巡幸避暑山庄及秋狝木兰 52 次，巡幸明陵、盘山及天津等畿甸地区 14 次，东巡曲阜孔庙 8 次（3 次途经），南巡江浙 6 次，西巡五台 6 次，巡幸中州 1 次。这些频繁的巡幸活动，不但在清代帝王中绝无仅有，而且在两千多年以来的中国历代帝王中也极为罕见，难怪当时人们说他是“一日不肯留京”的“马上皇帝”。

在频繁的巡幸活动中，对当时政治发挥过较大作用的是巡幸避暑山庄、秋狝木兰，盛京谒陵，以及六下江南等三种。

巡幸避暑山庄和秋狝木兰始于乾隆六年。除乾隆十五年以前偶有间断和乾隆四十二年、四十三年因其母孝圣宪皇后去世未曾举行之外，基本上都是每年一次，夏至秋返，每次一般都在两个月以上，有时还长达三五个月。因而，尽管其巡幸次数不如谒陵次数多，但其巡幸时间却远远超过包括谒陵在内的各种巡幸活动。以其每次巡幸避暑山庄和秋狝木兰两个半月的时间计算，五十二次巡幸，总计时间当在十年以上，相当于乾隆秉政全部年代的六分之一。因而，乾隆时期，避暑山庄成了清朝政府的第二个政治中心，在国家政治生活中发挥了极为重要的作用。首先，在巩固国家统一、团结少数民族方面起了重要的作用。入关以后，清朝统治者根据多数蒙古人未曾出痘，"以进塞为惧"而"延颈举踵，以望六御之临"的情况，借出塞秋狝之机接见各部蒙古王公，举行宴会，赏赐银两，调解各部蒙古王公之间的争端，从而使中央政府与蒙古各部之间的联系不断加强。康熙时期，随着清朝统治的进一步巩固，铲除准噶尔地方割据政权之事提上议事日程；与此同时，各部喀尔喀蒙古率众内附，需要处理的蒙古事务空前增多。为此，康熙除多次举行木兰秋狝之外，还从康熙四十二年始兴建避暑山庄。这样，巡幸避暑山庄和秋狝木兰在国家政治生活中的地位日益重要。乾隆即位后先后进行了平定准噶尔叛乱和回疆叛乱的战争，中央政府直接控制的版图空前扩大，民族事务更加增多，因此，巡幸避暑山庄和秋狝木兰又于原来联络蒙古各部王公之外，在联络藏族、回族和青海蒙古上层僧俗人士方面也发挥了重要的作用。为适应这一形势，乾隆二十年后对避暑山庄又加以营建。与此同时，该地的政治活动也空前增多。除接见各族王公贵族，封赐爵号、赏赐缎匹银两、举行宴会之外，规划各次平叛战争、接见各部投顺人员也都无不在避暑山庄进行，如乾隆二十年平定达瓦齐叛乱后，厄鲁特各部台吉、宰桑之入觐；乾隆二十四年回疆叛乱平定后，回部各部伯克之入觐；乾隆四十五年，西藏宗教领袖班禅六世及内蒙古、外蒙古、厄鲁特、青海蒙古各部之祝贺乾隆七十寿辰；乾隆四十六年、五十五年、六十年，喀尔喀蒙古宗教领袖哲布尊丹巴呼图克图和蒙古广大僧俗贵族入觐等。与此同时，其他各族上层贵族、头人前来山庄入觐及扈从秋狝者也络绎不绝。因为需要处理太多事务，有时，乾隆还于一年之内两幸山庄，如乾隆十九年东巡盛京，为了接见前来归附的准噶尔台吉三车凌等，乾隆特地提前动身，绕道避暑山庄驻跸两月之后才前赴盛京。在东巡途中，又得知辉特部台吉阿睦尔撒纳率部归附的消息，于当年十月赶回北京不几天，再赴避暑山庄接受阿睦尔撒纳等归附人员的觐见，并商讨进兵事宜。乾隆巡幸避暑山庄和秋狝木兰，对于国内各民族的团结和统一发挥了重要的作用。其次，在讲习武备、保持八旗军队强大的战斗力方面，木兰秋狝也起了重要作用。乾隆时期，承平日久，八旗子弟大多耽于安乐、不知以讲武习劳为务，为了扭转这种颓废习气，地处关塞之外、“义重习武，不重崇文”的木兰围场便成了演习武备的一个绝好场所。每届秋狝季节，乾隆总是亲自带领八旗子弟行围较猎，并时时以学习国语、熟练骑射、操演技勇谆切训诲。在行围较猎时，对于其中骑射优秀者，皆选充前锋、护军、前锋校、护军校等，提高月饷；对于不习骑射或畏缩不前者，则削爵革职有差。这样，在他的大力倡率下，满洲贵族和八旗军队中的颓废习气都有所扭转，对于乾隆前期政治较为健康发展及平定边疆少数民族上层叛乱战争的胜利都起了一定的积极作用。

在乾隆的各种巡幸活动中，东巡出关谒陵也是一个重要内容。东北是清朝先世发祥之地。入关以后，迁都北京，清朝统治中心南移，盛京降为陪都。但是因其地处边防，兼之在清朝政府进行的历次内外战争中，盛京、吉林、黑龙江等地又一直源源不断地输送作战骁勇的士兵，因而历代清朝统治者对于陪都盛京和整个东北地区仍然极为重视。为此，康熙曾三次出关谒陵。乾隆即位时，清朝统治者已有四十来年未行出关谒陵之典。为了进一步加强对东北地区的控制，再次东巡是势所必然。与此同时，由于承平日久，各级王公、贝勒皆耽于安乐，轻视故都而惮于远行，为了对这些贵族子弟进行现场传统教育，以使他们处尊位而常缅前劳，兢兢业业，永保大清江山勿坠，从乾隆八年至四十八年，乾隆先后进行了四次出关谒陵活动。为了表示对努尔哈赤和皇太极这两代开国皇帝的崇敬和怀念之情，每次东巡他都异常虔诚地举行隆重盛大的谒陵大典，并对葬在盛京的一些开国功臣的坟墓亲自临奠赐祭。除此之外，乾隆还借出关谒陵之机对边防军备普加视察、对当地贵族和士民官吏普行加恩。每次东巡，均免除奉天全境历年积欠和次年官庄、民田正额地丁钱粮，在事官员普加一级，因公诖误而受到处分者概予宽免。对于留居盛京的宗室、觉罗和外戚、姨舅子孙，乾隆也存恤备至。除各自赏赐银两、缎匹之外，还于驻跸盛京期间频举大宴。宴会上，随来王公大臣、扈从人员、盛京将军以及现任人员、休致人员、闲散宗室、觉罗和守护陵寝的姨舅、外戚子孙、耆老等概令参加，观看戏剧节目，开怀畅饮。“白金以级颁，百戏良具陈。酌酒劝尔饮，尔醉我亦欣。还念尔先民，曾同百战勋。”宴会后，又赏赐诗篇，讲武比射，活动一个接着一个。几天之中，整个盛京城沉浸在节日气氛之中。东北是边陲重地，在当时的国家政治生活中发挥着重要的作用，乾隆东巡谒陵，对于巩固东北边防和团结当地满洲贵族、百姓并进而加强其对全国的统治都有着重要的意义。有鉴于此，乾隆四十三年第三次出关谒陵时通谕中外，将东巡谒陵作为定制，后代子孙世世遵守。他还在这道谕旨中规定，后世子孙欲莅陪京，如果有无识之臣工妄以人主当端处京城、综理庶政，不宜轻出关外，"此即我朝之乱臣贼子"，"当律以悖命之罪诛之无赦"，表现了他对出关谒陵的高度重视。

和巡幸避暑山庄、秋狝木兰及东巡谒陵同样重要的就是南巡。乾隆的祖父康熙曾六下江南，从乾隆十六年至四十九年，乾隆也对江浙地区进行了六次巡幸。江南地区物产丰富，为全国财赋重地，历代清朝统治者对之向表重视，这当是百年之间祖孙两代皇帝频繁巡幸的共同原因。除此之外，乾隆南巡还有其具体的历史原因。乾隆初年，由于封建专制统治的不断加强，清朝中央政府和江南士绅之间的关系一度相当紧张。首先，在政治上，乾隆一度采取措施扩大八旗仕途，还以整顿科举弊端为借口减少内地各省府、州、县学生员名额，限制汉族知识分子入仕。所有这些，都使以"人文渊薮"而著称的江南士绅的政治权益受到了严重的伤害。其次，在经济上，针对江南大户历年赋税积欠相当严重的情况，乾隆十二年下令加以清厘，也在很大程度上伤害了他们的物质利益。为了他们的政治权益，乾隆七八年间，六科给事中杨二酉、翰林院检讨杭世骏等先后上疏，对乾隆侵犯汉族地主阶级权益的内满外汉政策进行了尖锐的批评。乾隆十五六年，又有人炮制了伪孙嘉淦奏疏稿在社会上广泛流传，其中开列“五不可解，十大过”，将抨击的矛头直接指向了乾隆。该奏疏稿虽然未必一定是出自江南士人之手，但是，其在江南地区的广泛流传则无疑说明伪奏疏稿的有关内容在江南士绅中产生了共鸣。在经济上，他们也凭借人多势众和盘根错节的关系网，百般阻挠和破坏清理积欠活动的开展，或者完旧欠新，或者新旧并欠，使得中央政府一直处于相当被动的局面。对此，乾隆一方面袭用其父雍正故技，以江南士人为重点，大兴文字狱，进行残酷镇压；一方面又效法其祖康熙，再次南巡并借南巡之机采取一些让步措施，对江南士绅普加笼络，从而进一步巩固了自己的专制统治。其一是蠲免积欠。南巡之前，中央政府和江南士绅之间关系紧张的主要症结是积欠情况严重。为了消除江南绅衿的不满情绪并争取他们的支持，首次南巡乾隆即下令豁免乾隆元年以来江苏积欠地丁二百二十八万余两，安徽积欠地丁三十五万余两。浙江一省虽无积欠，也蠲除本年应征地丁钱粮三十万两以示嘉奖。而后，随着国家财政情况的不断好转，历次南巡也都蠲免积欠。总计六次南巡，共免除经过州县逋负钱粮两千多万两。其二是重视文教，扩大学额。乾隆九年清厘科举弊端，全国各省进学人员普减十分之一，引起了包括江南士绅在内的汉族地主阶级的不满。为此，南巡期间乾隆竭力表示自己对教育的重视和对学术发展的关心。首次南巡即以三吴两浙为人文所萃、民多俊秀、应试之人日多而入学则有定额为由，特命增加上下两江和浙江三省府、州、县学岁试文童录取名额。而后几次巡幸，还屡次临幸各地书院，颁赐书籍；考试进献赋颂之士子，中试者，特赐举人，量授官职。乾隆四十五年五次南巡后不久，《四库全书》告成，乾隆又专拨库帑百万两，雇觅书手续抄三份庋藏于扬州、镇江和杭州三地，以供士子观摩誊录。所有这些，都使江南士绅感到他们时时、处处、事事都在受到乾隆的特殊优待，和中央政府间的矛盾也顿时缓和下来。其三是对巡幸所经沿途官员普遍加恩。在籍、致仕官员迎驾者，必予接见。赏饭，赐人参、貂皮，晋封官爵，赐子孙功名出身等不一而足；因公诖误而受到处分或革职的官员，或准其开复，或复其原品，赏赐新衔。对现任封疆大吏，则更是表示重视，赏赐金银，题诗给匾，以示倚任。对此，所有受惠官员无不“浃髓沦肌”，感恩戴德，从而也更加卖力地为乾隆效劳。其四是祭扫明陵和历代名臣祠墓。乾隆历次南巡，总要绕道江宁祭扫明孝陵；与此同时，还对巡幸沿途三十里以内的历代名臣祠墓如晋臣卞壶，唐臣张巡、许远、陆贽，宋臣曹彬、范仲淹、宗泽、岳飞、韩世忠，明臣徐达、常遇春、方孝孺、于谦等也遣员赐祭。通过这些活动，乾隆一方面向人们显示自己是历代帝王特别是明朝统治者的当然继承人，以消除江南汉族人民的民族意识；另一方面向江南人民灌输忠孝节义等封建思想，以在思想上巩固自己的统治。总之，乾隆通过六次南巡，基本上消除了江南士绅对中央政府和其本人的不满情绪。乾隆甚表满意，并将其与平定准噶尔部、回疆叛乱一起作为他自己在位期间的两件大事，其专制统治也因此而进一步巩固下来。

小说、电视剧作者不谙清史而又强以乾隆外出巡幸为重点，使乾隆外出巡幸时间及相关史实都在其作品中错误百出，如乾隆巡幸中州是在乾隆十五年而非乾隆元年；乾隆十六年首次南巡之前，孝贤皇后即已去世，并无携其南巡之事。另，小说、电视剧均载乾隆自述曾随祖父康熙南巡之事，亦尤为可笑。据史载，乾隆出生于康熙五十年，而康熙六度南巡的年份分别是康熙二十三年、二十八年、三十八年、四十二年、四十四年、四十六年，也就是说，康熙最后一次南巡的时间距乾隆出生尚有五年之遥。乾隆再有本领，又怎能于出生之前即随同其祖父康熙南巡呢？

第八章　萧墙之祸

即位之后发生的种种事件，给了年轻的乾隆一个深刻的启示：对皇帝而言，最危险的敌人首先来自宗室内部。他开始处心积虑地加强对包括自己儿子、兄弟在内的所有宗室的控制，使宗室的地位下降到了清初以来的最低点，以巩固自己的专制统治。

正在乾隆祖述尧舜、励精图治之时，乾隆四年九月，宗室内部却发生了原总理事务王大臣、时任理藩院尚书、管理内务府大臣的庄亲王允禄私树党羽、另立中心和理亲王弘皙妄图篡位的事件。这样，乾隆不得不分出精力来对付这些藏在家门之内的政敌。

理亲王弘皙是康熙废太子允礽之子。康熙末年，允礽因在皇室内部斗争中失败，被囚禁咸安宫，退出政治舞台。雍正上台后，他的处境更加恶化，虽在形式上被封为亲王，但是一直都处于严密的囚禁状态之中。允礽死后，弘皙袭封亲王。父子两代在皇室中地位的急剧下降，使他对雍、乾两代君主皆怀有深深的敌意。雍正去世，他幸灾乐祸，暗自高兴，但当那个比他小许多岁的毛孩子弘历即位时，他的心中更生起了一股无名之火。在他看来，天下本应是他家的，哪里想到这个小子竟捡了个大便宜。不久，乾隆把一个天下治理得井井有条，万姓欢颂，眼见这种场面，他的心中更是酸溜溜的。所以，他一盼乾隆早死，天下大乱；二盼和清朝政权处于严重对峙状态的西北准噶尔部政权首领噶尔丹策零带兵打进北京，将现政权砸个稀巴烂，替他出口恶气。为了达到这一目的，他暗中找来了一个名叫“安泰”的巫师，让他向神灵乞求上述愿望，好使自己心想事成。与此同时，他还串通宫中太监，了解宫中内幕，并利用雍乾之交最高权力更迭对宗室控制暂时放松的时机，仿效皇家内务府，在其王府中也设置了掌仪、会计两司，好让自己过过当皇帝的瘾头。后来，眼见乾隆统治地位日益巩固，而他自己却无权无钱、无人无兵，明白单靠自己的力量去夺权毫无希望。这样，他便开始在有声望的宗室大臣中寻找投靠、拉拢的对象。他所投靠、拉拢的不是别人，正是时任总理事务王大臣的庄亲王允禄。

允禄是康熙第十六子，雍正初奉命继嗣皇太极之孙博果铎，因得袭封庄亲王。雍正八年，怡亲王胤祥病故，允禄在皇室中的地位开始上升。雍正去世后，他和果亲王允礼以宗室重臣的身份与大学士鄂尔泰、张廷玉等一起拥戴乾隆即位，并和上述三人一起组成总理事务处，负责处理国家日常事务。乾隆三年二月，果亲王允礼死后，他又成了在朝任职的唯一的宗室重臣。因为职位尊崇，威望上升，不少宗室群相趋奉，其主要者除康熙废太子允礽之子理亲王弘晳外，尚有康熙第五子原封恒亲王允祺之子火器营都统弘昇，康熙第十三子怡亲王胤祥之子弘昌、弘晈等。为了扩大个人势力，对于前来趋奉巴结者，允禄也加意笼络，甚至把官家财物私自赠予弘晳等。对于宗室贵族中的这种离心倾向，乾隆早有所觉察。因而，乾隆二年十一月重建军机处时，只将原在总理事务处的鄂尔泰、张廷玉二人留任，而将允禄和重病在床的允礼排除在外。对此，允禄必当了然，与这些人的勾结也愈加频繁和秘密，“日甚一日，渐有尾大不掉之势”。乾隆四年九月，乾隆被迫采取果断措施，首先将担任火器营都统的弘昇锁拿审问；十月，又将允禄、弘晳、弘昇、弘昌、弘晈等“结党营私，往来诡秘”的情况公开揭露，并革去允禄之亲王双俸及议政大臣、理藩院尚书等职务，对其他相关人员也分别严加审问。随着案情的进一步发展，废太子允礽之子理亲王弘皙企图死灰复燃的阴谋也被揭发出来。有鉴于此，乾隆对他们的惩罚也开始升级。在对允禄实行罚俸五年以示惩戒的同时，将弘皙革去亲王，拿解京师，永远圈禁东果园，其本人和子孙也“照阿其那、塞思黑之子孙，革去宗室，给予红带”。

这一事件给了年轻的乾隆一个深刻的启示：对皇帝而言，最危险的敌人首先来自宗室内部。在血统上，他们有着和自己相同的资本——搞起政变来，很难防范；政变成功了，一样是列祖列宗，历史照样承认。当时清朝始祖努尔哈赤的子孙已达两千多人，面对这两千多个“敌人”，为了保住自己的皇位，不独“亲亲睦族”大大使不得，甚至放松一点都不行。从此之后，他开始处心积虑地加强对包括自己的儿子、兄弟在内的所有宗室的控制。乾隆七年六月，他下令严禁担任侍卫的宗室“忘其本源”“甘与大臣、侍卫平等相交”以及闲散宗室的“肆行妄为”。乾隆十一年九月，禁止宗室命名僭用内廷拟定之字。十八年六月，又明颁谕旨禁止宗室诸王与臣下往来，并令各部院及八旗衙门各录此旨一通贴于正壁，“庶诸臣触目惊心，远嫌自重”。十九年四月，禁止宗室诸王擅罚其府中护卫官员之俸。这样，经过他的反复整顿，宗室地位下降到了清初以来的最低点，乾隆的专制统治得到了进一步的巩固。

为了突出乾隆初年乾隆与废太子允礽之子理亲王弘皙等宗室势

力的矛盾和冲突，各种小说、电视剧于此充分发挥想象能力，大肆渲染。始则于雍正去世后，使他们派遣刺客伙同白莲教及绿林势力企图将乾隆刺杀于微服私访途中，继而在乾隆将他们集中在上书房读书时暗中谋害了教读师傅扬名时，不久，又先后于内务府武装宗室、企图召回盛京八个铁帽子王恢复八王议政、炮制伪孙嘉淦奏疏稿传播全国以制造政治混乱等。所有这些，核之史实，有的是捕风捉影、生编硬造，有的是空穴来风、无中生有。其中一些情节还漏洞百出，令人发噱。如所谓铁帽子王，意为世袭罔替，始于乾隆四十三年多尔衮平反之后，乾隆初年何来铁帽子王？又如乾隆令宗室子弟二十五岁以下者就读于上书房，弘皙也在其中。同时，弘皙于乾隆前多处自称臣弟，可见作者是以为弘皙年龄小于乾隆，至乾隆初年尚不到二十五岁，实际上弘皙生于康熙三十三年，比乾隆足足大出 17 岁。乾隆即位之时，弘皙已经是四十出头，早已超出了乾隆规定的入学读书年龄，而且也不应自称臣弟。还如杨名时称张廷玉为老师，事实上，杨名时是康熙三十年进士，张廷玉是康熙三十九年进士，扬名时入仕时间早于张廷玉，何以反尊张为老师？与此相似的还有曹雪芹早年在南京见过乾隆、乾隆早年曾听高士奇讲故事等，都如同痴人说梦。早在康熙四十二年，高士奇已经死于杭州老家。他死之后八年，乾隆方才出生，又何从听其讲书呢？

第九章　逆境挣扎

1748年，乾隆将迎来他的乾隆十三年。对此，乾隆心存恐惧：祖父康熙十三年前夕发生了长达八年的三藩之乱，父亲雍正十三年龙驭上宾。无奈世事就是有那么多的巧合，乾隆十二年，正当乾隆被日趋紧张的政治、经济以及打了近一年仍无成效的金川战争搞得焦头烂额之时，腊月底，他最钟爱的、有意立为储君的皇七子永琮出痘殇逝；十三年三月，孝贤皇后富察氏又病死在德州舟次……

乾隆初年，乾隆每日孜孜不倦地勤于政治，原想该会得到广大臣民的拥戴，然而，让他始料未及的是，他的统治一度陷于困境，乾隆十三年是他最为倒霉的一年。

首先，乾隆推行的一些政策使他在广大官吏中日益孤立。他推行惩贪政策，相当一批手脚不干净的官员受到了严厉的打击；惩治鄂、张朋党，以地划线，以人划线，又有不少官员因此而丢掉了乌纱，造成了一些人的不满。此外，为了解决八旗生计，乾隆曾对八旗子弟入仕大开绿灯：知县以上所有官缺对满人全部开放。这一政策，更使所有汉族官员仕途大受限制。因此，在这些汉官的支持下，乾隆七八年间，刑科给事中杨二酉和翰林院检讨杭世骏公开跳了出来，对乾隆内满外汉的政策进行了尖锐的批评。乾隆火冒三丈，当即将杭世骏革职，逐回杭州原籍。乾隆采取高压政策，虽然其他官员不敢就此再行上言，但是，私下飞短流长者仍然大有人在。

其次，乾隆和全国绅衿生监的关系也日趋紧张。他亲政后，对绅衿生监的控制日渐加强。政治上，严禁他们结交官府、干预地方事务，并对其中为非作歹、横行乡里、鱼肉百姓者予以严厉制裁；经济上，不许他们贪取非分之财。地方遭灾，他们不在赈恤范围之内；蠲免钱粮，又令他们减少佃户租额。因而，这一时期，绅衿生监抗粮闹赈之事屡屡发生。乾隆整顿科举弊端和清理江南积欠，更使他们的政治、经济权益普遍受到了严重的损害。为此，他们凭仗人多势众和盘根错节的关系，不但使科举考试中的各种禁令等同废纸，而且在清理积欠中也花样翻新，或完旧欠新，或新旧并欠。与此同时，他们还通过政治上的代理人、协办大学士高斌上书乾隆，要求停止清理积欠，仍旧一股脑儿摊到全体百姓身上，“分年带征”。有令不行，有禁不止，使得乾隆极感孤立和被动。再次，此时广大人民的不满情绪也日益增长。乾隆亲政后，针对全国人口急剧增长的实际情况，为了备荒，在积极劝垦田地的同时，还通过纳粟捐监和动帑采买大量粮食来扩大国家粮食积贮。就其本意而言，未尝不善，但因征集数额过多，而且岁岁采买、处处积贮，其中不少地方还听任粮食在仓糜烂，只买不粜，闹得全国粮价无处不贵。穷民乏食，数年中，抗租、抢粮、闹赈斗争几乎遍于全国。秘密宗教也迅速发展，不少地方还发生了小规模的农民起义，搞得乾隆焦头烂额，穷于应付。最后，令乾隆十分头疼的还有一个金川战争。金川地处四川大渡河上游，以盛产金矿而得名，为藏族聚居地之一。乾隆时期，该地尚土司林立，互相攻杀不绝。其中，最为桀骜不驯的是大金川土司莎罗奔，凭仗人多势众，经常向小金川等邻近土司发动进攻，掳掠人口，抢占土地。乾隆十一年时，莎罗奔又向小金川大举进攻。为此，四川地方政府出兵弹压，莎罗奔竟悍然向官军开火。乾隆得知此事，决定以名将张广泗为川陕总督，并抽调全国军队三万人，从乾隆十二年起对之大张挞伐。这是乾隆即位后亲自发动的一场大规模战争。他满心指望，天兵一至定是泰山压卵、剿无遗类，岂知事与愿违。由于当地地势险要，碉卡林立，清军每克一寨、每破一碉都要付出极大的代价。并且，指挥将领张广泗在战略、战术上也犯了不少错误。至乾隆十三年初，整整一年过去，消耗军饷上千万，士卒损伤不计其数，却无尺寸之功。这样，金川战争不但未给乾隆增光，反而成了他的一个沉重的包袱。内外交困的局面使得乾隆甚为悲观，瞻念前途，更是不寒而栗。次年，就是他即位的第十三个年头，他的祖父康熙恰恰也是在位十三年时发生了三藩之乱，仅数月光景，烽火遍及大半个中国。后来，花了八年功夫，用尽九牛二虎之力才将叛乱平定下去。他的父亲雍正偏偏也是在位十三年时龙驭上宾。乾隆十三年将会如何呢？他不敢再往下想。就在他战战兢兢地向乾隆十三年靠拢的时候，果不其然，一场家庭灾难先行来临。

乾隆十二年腊月底，他的一个刚满周岁的皇七子永琮出痘殇逝。因为这个孩子为皇后所生，而且又十分聪明，乾隆异常钟爱，早就有意立为储君，而今骤然殇逝，使他极为悲痛。谁知祸不单行，永琮的丧事刚刚处理完毕，次年三月，在他东巡曲阜途中，孝贤皇后富察氏又病死在德州舟次。受此打击，更是雪上加霜。长期以来，他在加强自己统治地位的过程中，总是以臣下为惩治对象，而今自己遭难，处于困境，他便怀疑所有臣工都在幸灾乐祸。对于天降之灾，他无可奈何；臣工私下幸灾乐祸，却使他难以容忍。这样，以孝贤皇后去世为诱因，一场大的政治风波又发生了。

孝贤皇后死后，首先倒霉的是乾隆的两个年龄较长的儿子——皇长子永璜和皇三子永璋。眼见这两个儿子在灵前哭泣时有声无泪的样子，乾隆怒火万丈，除严厉指责他们“并无哀慕之忱”“不孝之罪甚大”之外，还迁怒于他们的师傅、安达。受此牵连，和亲王弘昼、来保、鄂容安等都受到了罚俸的处分。紧接着，不少臣下又因丧事处理期间的无心之过而受到乾隆严厉的指责和惩罚。当年四月，翰林院在将大行皇后册文汉文稿译为满文时，因为满文水平不高，竟将皇妣一词译作先太后，死者身份就由乾隆的妻子变成了他的母亲，整整相差一辈。这使他极为难堪，当即对主持其事的大学士张廷玉、阿克敦及以下许多官员严加惩治。以后，不顺心的事情越来越多。五月间，他看到光禄寺备办的孝贤皇后的祭品、桌具不够洁净新鲜，工部承办的孝贤皇后册宝“甚属粗陋”；六月间，他又先后发现静安庄临奠孝贤皇后时，臣工与会者不到半数，各地督抚要求进京叩谒梓宫者也为数寥寥。为此，光禄寺卿增寿保、工部尚书哈达哈皆被革职留任，镶黄旗汉军伯李坦被革去爵位。其他不少臣工也都成了他的出气筒，受到严厉的训斥。在这些活动中，影响最大的是对在皇后百日内违制剃发的大批官员的惩治和打击。

根据满洲旧俗，君上去世后，臣下百日内不得剃头。清朝入关以后，由于受汉族礼俗文化的影响，对此要求并不严格，而且也没有将此内容明文载入律例会典，因而，此制不但未在汉族人民中广泛推行，而且不少八旗子弟也多加遗忘。这样，孝贤皇后死后，中央政府有关部门未就此行文全国各地，以致各地有执行者、有不执行者，而且在执行者之中要求的范围和规定期限也各不相同。除满人居住颇为集中的盛京、杭州、京口、宁夏、四川等处将军大臣等作出了“令官员过百日剃头”的规定外，其他地区的官兵百姓大多都是各行其是。各级官员甚至是高级官员不及百日剃头者比比皆是，如江南总河周学健于孝贤皇后死后二十七日即已剃头，其所属文武官弁亦皆剃头。其他在百日内剃头者还有湖广总督塞楞额、湖北巡抚彭树葵、湖南巡抚杨锡绂等。乾隆十三年六月，山东沂州营都司姜兴汉、奉天锦州府知府金文醇等中下级官员百日内剃头的问题首先被揭露，乾隆十分震怒，当即下令将他们解交刑部治罪。然而，此后不久，周学健、塞楞额、彭树葵、杨锡绂等高级官员剃头问题也被揭露出来。尤其是在革职抄家和审讯过程中，还发现周学健私下收受一个中级官员吴同仁的贿赂和塞、彭、杨三人私下计议是否因为违制剃头而自首的问题，更使乾隆对广大官员的忠诚程度发生了怀疑，认为他们时时、处处、事事都在欺骗自己，窃夺自己的权力。因此，他以违制剃头为借口，分别对他们作出了极为严厉的处理。周学健、塞楞额先后被赐自尽，“以全国体”；彭、杨革职留任，自出家资罚修城工。其他违制剃头的官员太多，无法一一处罚，也都由有关部门记录在案，停其升转。此外，还有相当一些高级官员因庇护违制剃头官员而受到申饬或处分。这场轰动一时的大案至此方才结束。

处死周学健、塞楞额之后，乾隆杀人杀得上了瘾，一碰见不顺心的事情手便发痒。从此，他一改原先“宽严并济”的政策，对于所有事务一概从严处理，如对当时如火如荼的人民抢粮、闹赈、反科派斗争，他即先后下令严厉镇压。很短时间内，各地鲜血横流，人民反抗斗争皆被镇压。与此同时，有鉴于金川战事一拖再拖，毫无起色，而国库存银直线下降，他先是派首席军机大臣讷亲赴四川前线经略军务，指导并帮助张广泗处理前线事宜；后来，在发现讷亲、张广泗二人竟不以对敌作战大局为重而是互相推诿、攻讦时，即将他们革职问罪，分别处死，改派新任首席军机大臣傅恒率军开赴前线，重新部署金川战争。眼见一个首席军机大臣和三个总督相继成了乾隆的刀下之鬼，为免重蹈覆辙，傅恒只有拼尽全力组织进攻。恰在此时，因为经过两年战争的消耗，大金川人员、物资损失极大，也无力将战争继续进行下去，先后派人至清军营中乞降。面对这一千载难逢的良机，傅恒真是喜出望外，当即纳降，班师回京。这样，在严刑诛杀之中，乾隆终于度过了即位后的第十三个年头。

讷亲、傅恒皆是乾隆一手提拔、重用的军机大臣，小说、电视剧于此二人也极力编造情节、塑造形象，但是其中亦有错误。如于讷亲，则称其为康熙年间辅臣遏必隆之子，乾隆初始入军机。其实，讷亲是遏必隆之孙，早在雍正十一年即已进入军机处。又如傅恒，小说、电视剧称其早年曾与乾隆同窗，乾隆六年即入军机处。其实，傅恒比乾隆要小十来岁。雍正初年，乾隆束发就学之日，傅恒大概还在襁褓之中。傅恒于乾隆十一年进入军机处，计其年龄，大约也不过二十五六岁。还有张广泗，其原来形象，也非同小说、电视剧描写的那样飞扬跋扈、怀有二心，而是才干卓越、历经基层锻炼才脱颖而出。只是因为金川之役地理情况特殊而乾隆又求胜心切，以及讷亲视师时无理干预，才致使他师久无功。后来廷审时，张广泗又公开顶撞乾隆，乾隆气急败坏才将其处死。小说、电视剧将其和庄亲王、弘晳一伙谋权篡位者拉在一起并称其曾经企图加害阿桂、兆惠、海兰察等，都是无中生有、生编硬造。《论语》称："君子恶居下流，天下之恶尽归焉。"看来是因为张广泗被乾隆所杀，小说、电视剧才将其脸谱进一步丑化。

讷亲

钮祜禄氏，满洲镶黄旗人，出身满洲贵族世家，且与清朝皇室有着密切的姻亲关系。以此之故，早在雍正中，雍正即擢其任军机大臣。乾隆初，在右满抑汉思想指导下，又以讷亲作为重点依靠和培养对象，以其担任军机大臣、兵部尚书、吏部尚书等要职。乾隆十年鄂尔泰病故，乾隆即以其为首席军机大臣。在此期间，他适应乾隆加强皇权的政治需要，所有事务均遵乾隆意旨办理。他办事勤敏，尤以廉介自敕，乾隆因此对他也十分信任，不但在打击鄂、张朋党时以其作为依靠力量，而且还不时以他为钦差大臣，外出各省视察营伍、河口、海塘并屡谳重要案件。一时之间，讷亲成了政治舞台上的一颗新星。

雍乾间，讷亲虽屡任要职，但就其个人素质和能力而言，却远在鄂、张之下，不但在宏观上不具政治识见，而且在处理具体事务中亦缺少才干，于军事更是外行。他在乾隆身边及外出办理一般事务尚可狐假虎威，勉强销差，如果独立办理繁难事务或者军务，则必定黔驴技穷。乾隆自己也缺乏知人之明。乾隆十三年，金川久攻不克，士卒相继死亡，军费开支巨大，使得乾隆极觉被动。为图早日结束战争，乾隆命讷亲视师金川。讷亲至军后，一不调查研究以对原定作战计划进行必要修改，二又撇开原来指挥系统自作主张，强令进攻，致使清军伤亡惨重、士卒离心，从而使乾隆的处境愈加被动。乾隆气急败坏之余，下令将其调回京师，随即将其削职处死。这样，不过十数年时间，讷亲即走完了自己的全部政治途程，成了乾隆一朝下场最惨的一个首席军机大臣。

傅恒

字春和，富察氏，满洲镶黄旗人，出身于世代仕宦的满洲世族，且系乾隆妻舅。乾隆初年，为了加强皇权，乾隆急于在政权中枢安插亲信。作为乾隆至亲，傅恒如同坐上火箭，职务急剧上升。乾隆十三年，首席军机大臣讷亲因过被黜，傅恒又被擢为首席军机大臣、保和殿大学士。计其年龄，其时，傅恒尚不到三十岁。

傅恒虽然身居高位，但是一则目睹乾隆打击政敌、制造文字狱皆心狠手辣，二则本人才干也颇为平庸，为求自保，他上则一秉乾隆意旨而不敢有任何异议，同时，为怕独立承担责任，将此前军机大臣一人承旨并自行起草廷寄谕旨成例改为军机大臣共同承旨交军机章京起草，下则待人谦下，治事不敢自专，礼敬士大夫。因而，在他任职中枢期间，军机处失却了赞襄政务、匡正误失的中枢机构形象而成为皇权的附属物。其本人事迹可述者亦甚寥寥：其一是乾隆十三年继讷亲之后视师金川，因为金川力竭要求投降而侥幸取胜；二是乾隆二十年至三十年附和乾隆决策，出兵平定准噶尔叛乱；三是乾隆三十三年受命征缅，损兵折将，无功而还，本人亦于此后不久病故。因为在傅恒任首席军机大臣期间，乾隆个人意旨畅通无阻，完全贯彻，因而，他死之后，乾隆颇为痛惜，命丧葬视宗室镇国公，予谥“文忠”。嘉庆元年以其子福康安平定湘黔苗民起义功，又赠郡王，并命配享太庙。

傅恒四子福灵安、福隆安、福康安、福长安，皆以傅恒之故而仕宦显达。其中福灵安、福隆安还皆尚公主，分别为多罗额驸和和硕额附。福康安功业尤伟，先后参加二次金川之役，平定田五、林爽文起事，抗击廓尔喀入侵，平定湘黔苗民起义等。嘉庆元年，福康安死于湖南前线，乾隆特赠郡王，谥“文襄”，配享太庙。早在清代，因为福康安特受乾隆眷爱，不尚公主而追赠郡王，一些文人笔记便疑其为乾隆与傅恒之妻私生之子。至于今世，一些小说、电视剧又于此特加渲染，情节细腻而又各不相同。笔者以为，其说根据不足。福康安虽然生年不详，但其兄福隆安生于乾隆十一年，可知福康安生年当在乾隆十二年之后，而乾隆诸女与之相较，皆无年龄相合者，当是因此福康安才未尚公主。又，乾隆女儿只有十人，并无十五格格和英公主之封号，小说、电视剧中庄亲王允禄说媒，欲将其下嫁福康安而遭到乾隆及傅恒之妻的共同抵制，都是子虚乌有。小说、电视剧中大肆渲染，只是意在迎合市井窥人隐私的心理，追求商业价值。

第十章　迷离逆案

乾隆朝共发生过两次伪孙嘉淦奏稿案，一次是乾隆初年发现于京师，一次是乾隆十六年发现于云贵。其中第二次的传播范围之广、牵连人数之多都大大超过了以往各案，在最高统治集团内部引起了强烈的震动。乾隆严旨督催，全国普遍展开了追查伪奏稿作者的行动，却始终未能如愿，从而引发了更大规模的文字狱。

乾隆放弃“宽严并济”的统治政策和借皇后去世之机对违制剃头的官员严加惩治，在广大官员中引起了强烈的不满；在此期间，他的四出巡幸和对金川战争的处理也给全国士民官吏带来了极大的骚扰，因而，乾隆十五年以后，一份托名工部尚书孙嘉淦所作的奏疏稿在社会上得到了广泛的流传。该奏稿指斥乾隆失德，罗列了“五不可解，十大过”，对乾隆和他执行的政策进行了尖锐的抨击。就现存其中部分内容的一些史料看来，一是抨击他杀死张广泗，“以张广泗为有功”；二是批评他巡幸无度。在专制统治日益酷烈的情况下，这份伪奏稿竟将抨击的矛头直接指向了乾隆，显然是一起极为严重的政治事件。因此，这份伪奏稿的出现在最高统治集团内部引起了强烈的震动，在国家政治生活中也激起了极大的波澜。

乾隆十六年六月，这份伪奏稿首先在贵州被当地官员发现，不久即由云贵总督硕色以秘密奏折的方式报告乾隆。乾隆看过之后，认为这份伪奏稿“假托廷臣名目，胆肆讪谤，甚至捏造朱批，显系大逆恶徒逞其狂悖，不法已极”，当即严令步兵统领舒赫德及直隶、山东、山西、河南、湖北、湖南、贵州等省督抚“密加缉访，勿令党羽得有漏网”。这样，在他的严旨督催下，全国普遍开展了追查伪奏稿作者的活动。

随着全国上下追查活动的普遍开展，和乾隆原来的设想相反，这份伪奏稿的传播范围、牵连人数和破案的困难程度都大大超过了以往各案。就其传播范围而言，不独内地十七省，而且包括云贵这样的边徼地区；就传抄人员而言，既有各级官吏、举贡生监、乡绅、商贾和僧人，也有八旗子弟。缉获之传抄人员，案发之初三个月，仅四川一省便已达二百八十余人，更不用说全国了。在审讯过程中，或者辗转诬攀，或者用已故之人搪塞，兼之以各级官吏为营私而扩大案情、民间因挟仇而互相诬陷，不但大大加重了案情的复杂程度，使得从事追查的各级官吏处于十分被动的局面，同时也给民间带来了极大的骚扰。为此，御史书成、在籍侍郎钱陈群先后上疏，要求停止查办伪稿，释放株连人众。这使乾隆十分恼火并各加严斥:“伊（书成）系满洲世仆，似此丧心病狂之言，如诅咒彼父祖者，乃视为漠然，则所系于败坏满洲尊君亲上之风为尤甚。”“钱陈群奏不必查办伪稿，甚为悖谬。”“既已延及数省，迟至经年，断无骤然中止之理。”为了加速追查活动，他一方面严厉斥责各级官吏的无能和“虚文塞责”，并分别对侦缉不力的官员严加处分；另一方面，又以此案是否侦破关乎“大清国体统颜面”相激励，要求各级官吏将主要精力用于伪稿的追查活动。尽管如此，经过一年多的清查，缉捕人数达千人以上，因查办不力而遭申饬、降级、革职拿办的督抚大员有十几名，乾隆为此案所发上谕见诸实录者有三万言之多，几乎将全国上下搞了个人仰马翻，而伪稿作者却仍然是“茫如入海算沙，了无头绪”。乾隆本人进退失据，处于极为困难的境地。

为了给自己寻找台阶，乾隆十七年十二月，乾隆授意军机大臣将传抄伪稿的一个地方低级官吏——江西长淮千总卢鲁生定为炮制伪稿的主犯，锻炼成狱。次年二月，将之押赴市曹凌迟处死。与此同时，宣谕中外：伪稿正犯已经缉获，所有传抄各犯俱加恩宽免；对于传抄伪稿的官员，则照例治罪。除此之外，审理不力的官员如江西巡抚鄂昌、按察使丁廷让、知府戚振鹭等俱革职拿问，交刑部治罪。两江总督尹继善、闽浙总督喀尔吉善则因失察而交部严议。至此，这场轰动全国的伪孙嘉淦奏稿案才算告一段落，草草收场。

然而，乾隆心中很清楚，卢鲁生不过是一个遮天下耳目的替罪羊，真正的伪稿炮制者并未被缉获。当然，他也决不肯因此而善罢甘休。在他看来，伪稿的作者多半是受过打击的失意官僚。对伪稿内容进行分析，其中又有替张广泗鸣冤之处。张广泗是汉军镶红旗人，原任贵州思州知州，雍正年间受鄂尔泰赏识，超擢为贵州巡抚。张广泗被杀，为他鸣冤的自然应是文化素养较高而又熟谙朝廷内幕的鄂党官僚。伪稿首先发现于南疆一带，并且在云、贵、湘、赣、川等省传播最广，这和鄂尔泰、张广泗相继担任云贵总督、贵州总督、湖广总督和川陕总督似非偶然的巧合。这正说明，伪稿案发前后在上述地区任职的鄂党分子是炮制伪稿的主要嫌犯。循此线索，乾隆反复思考，终于把目标集中到了伪稿案发时担任江西巡抚的鄂尔泰的侄子鄂昌和鄂尔泰的门生、连任广西及湖南学政的胡中藻身上。不过，有鉴于上次追查伪稿兴师动众，不但给整个社会造成了动荡和不安，而且也从反面扩大了伪稿的流传，并不利于自己的统治，乾隆这次一不露声色，二不重提伪稿旧案，而是另辟蹊径，从乾隆十八年二月开始，利用两年的时间对他们二人及其著作进行秘密调查。乾隆二十年三月，将二人押解京师并向廷臣公布了他们的罪状，从而一手制造了著名的胡中藻《坚磨生诗抄》案。

由于先有成见，故而乾隆在胡中藻所著《坚磨生诗抄》一书中发现了许多“大逆不道”的重要罪证。一是诽谤、反对清朝统治。如他针对胡中藻诗集取名《坚磨生诗抄》，指出“磨”字出自《论语》，系指春秋末年在鲁国作乱的家臣佛肸而言，“而胡中藻以此自号，是诚何心？”此外，他对胡诗中的许多诗句看来看去，越看问题越严重。如胡诗称“一世无日月”“又降一世夏秋冬”，“日”“月”两字相合不是“明”吗？只有“夏秋冬”而无“春”，不正是怀念明朝、攻击清朝吗？又如胡诗称“一把心肠论浊清”，在他看来，也是有意加“浊”字于国号之上，肆行攻击清朝统治。还有如“虽然北风好，难用可如何”“斯文欲被蛮”等，也都是在有意攻击起自边塞之北的满洲统治者。二是反对乾隆本人。在发现这方面的罪证时，他发明了一个摆入法，即把自己摆入胡诗吟诵的帝王之列。这样一来，罪证便多得不胜枚举。如胡诗《照景石诗》中有周穆王车马走不停之语，便是在攻击自己巡幸无度；胡诗中有武皇为失倾城色之句，不用解释，便可看出是在攻击自己贪恋女色等。循此思路，一些字词的谐音他也反复推敲并成为入罪的根据。如胡诗集中有考试生童所出之经义题题目是“乾三爻不像龙”，在他看来，

“乾”者,“乾隆”也;“龙”者,“真龙天子”也，连起来读，正是自己不配做皇帝。罪过既然如此重大，处理岂可从宽？乾隆当即下令将其处斩，籍没家产。另一个同案犯鄂昌本是出身满洲，于所作《塞上吟》中称蒙古为“胡儿”，乾隆大怒，赐令自尽。与此同时，还将鄂尔泰的另一个侄子鄂乐舜处死，籍没家产，其幼女也没入宫禁。其他鄂党分子不是拿解问罪，就是革任降级，甚至已死十年之久的鄂尔泰也被他下令撤出贤良祠，以“为大臣植党者戒”。

如上所述，乾隆制造胡案，其本意原是追查伪奏稿案的炮制者，尽管打击范围已经很大，但是是否确实击中了目标，他本人并无把握。对此，几年之中，他一直耿耿于怀，反复算计推敲：伪奏疏稿究竟是出自哪一派系的失意官僚之手。乾隆二十二年正月，乾隆二次南巡途中，驻跸徐州行宫。这时，沿途现任、休致官员纷纷前来迎驾，并借此机会向他报告地方政务。就在处理这些文件之时，一纸章疏上的官员署名映入他的眼帘。顿时，他心中为之一动。这个官员不是别人，就是在籍养病的原任江苏布政使彭家屏。他记得，这个人在雍正间曾与李卫一起在云南供职，二人深相结纳，专以攻讦鄂尔泰为能事，隐若与鄂、张两大势力鼎足而三。为了防止其自成派系，曾将他们调来调去，尽管如此，李、彭二人仍然暗中往来不绝。而且，乾隆初年，在李卫任直隶总督期间，京师一带便曾发生过托名孙嘉淦所作的奏疏稿传播事件。当时正值乾隆亲政之初，事绪繁多，追查一通没有结果，便将此事放下。而后，彭家屏也因其弟彭家植在家导致佃户死亡、倚势抗欠官粮而受到乾隆的严厉斥责。对此，彭家屏怏怏不乐，不无怨望，长期告病在家。伪奏疏稿会不会是出自此人之手？如此，既可以此陷害鄂党，又可借此攻击乾隆，以发泄自己的怨愤。乾隆对此不无怀疑，索性一不做二不休，将他也打入网中。这样，乾隆又一手炮制了有名的彭家屏私藏禁书案。

为了搜索彭家屏的具体罪证，乾隆有意设下圈套，挑起他和河南巡抚图勒炳阿的矛盾。当时，彭家屏原籍河南夏邑县邻近的不少地区遭受水灾，而河南巡抚图勒炳阿却匿灾不报，催征钱粮如故。彭家屏即为此事而于迎驾徐州时向乾隆作了汇报。乾隆得知此事，虽对图勒炳阿进行斥责，却仍派他和彭家屏一起返豫调查灾情、办理赈务。为此，图勒炳阿对彭家屏恨之入骨，并在办赈中对其进行报复，对其原籍夏邑县赈务大搞"管卡压"，"散赈多有未实，所有实在极贫户口，有造报遗漏者，有任意删除者"。彭家屏则利用灾区人民的不满情绪，唆使夏邑县生员段昌绪、刘东震等指使当地民人张钦、刘元德直接向乾隆控告。因其所控与乾隆派人调查的情况大体相符，乾隆只好以"玩视民瘼"将图勒炳阿革职。但是，因为前来告状的都是夏邑县民人，乾隆也怀疑其中有后台指使，因而命令将张、刘二人押回原籍交巡抚审讯，把矛头指向彭家屏本人。图勒炳阿心领神会，用严刑使张、刘说出了彭家屏从中唆使的全部情况，同时还意外地从段昌绪卧室中抄出了吴三桂叛乱时发布的反清檄文，段昌绪还在檄文上"圈点加批，赞赏称快"。吴三桂叛乱失败后半个多世纪，竟然还有人敢于传抄和保存这样的文件，显然又是一起极为严重的政治事件。这样，乾隆师出有名，除严令追问段昌绪抄自何处之外，还怀疑曾在吴三桂叛乱老巢云南任职的彭家屏也藏有类似文字。经过严词诘问，彭家屏被迫交代出家中藏有《潞河纪闻》《日本乞师记》《豫变纪略》《酌中志》《南迁录》以及抄本天启、崇祯年间政事等明末野史数种。这样，案情的性质发生了变化。乾隆认为，图勒炳阿“今经办出逆檄一事，是缉邪之功大，讳灾之罪小”，因而决定将其仍留原任。彭家屏则因收藏禁书和身为地方乡绅挟私妄奏等罪而被革职拿问，抄没家产。在清查抄家时，又发现了彭家屏不少新的罪证。如其所刻族谱取名“大彭统记”，几与累朝国号称谓相同；又称彭姓本于黄帝、昌意和颛顼，附会荒远，自居帝王苗裔；而且书中凡遇明神宗万历年号皆不避乾隆御名，“足见目无君上，为人类中所不可容”。为此，他下令赐彭家屏自尽，将其家产全部籍没。收藏、传抄吴三桂反清檄文的段昌绪、司淑信等也都被处以极刑。至此，这场轰动一时的彭家屏私藏禁书案才告结束。

在此之前，乾隆已经进行过打击鄂、张朋党的斗争，但是，限于当时的具体环境，乾隆的重点打击对象是张廷玉及其党羽。鄂尔泰及其党羽虽然也受到了一些限制和打击，但在中央和地方都还有一定的势力。李卫一党则根本没有触及。这次乾隆利用胡、彭两案向鄂、李两党开刀，其本意原是追查伪奏稿的炮制者。由于史料缺乏，我们无法确知他是否击中了目标。但是经此一击，鄂尔泰一党全然瓦解，李卫一党也扫荡一空，政治上的异己势力被清洗殆尽了。

据史载，伪孙嘉淦奏稿案前后共有两次。第一次是在乾隆初年，发现于京师；第二次发生于乾隆十六年，发现于云贵。其中第二次伪奏稿案影响巨大，不但影响了乾隆宽严并济的治国方针，还促成了文字狱高潮的到来。但是，由于当时最高统治者刻意销毁于己不利的档案文献，迄今为止，所有档案文献中都未能查到这份伪奏稿；同时，由于斗争方式高超，两次伪奏稿的真正炮制者也未被抓获，小说、电视剧却将两次伪稿合而为一，并以其为弘晳、弘昇等所为，这是不符合史实的。另，由于伪奏稿直接将攻击矛头指向乾隆本人，为了不致在追查中扩大其流传范围，造成负面影响，从始至终都是采取暗中追查方式，而非如小说、电视剧所述的那样大张旗鼓地公开追查。最后缉获的所谓伪奏稿炮制者卢鲁生，按照史书记载，其职务是江西长淮千总，而并非京师内务府云贵贡品笔帖式。

孙嘉淦

字锡公，山西兴县人，康熙五十二年进士，乾隆间仕至协办大学士、吏部尚书，是乾隆前期济世安民的汉族臣工向皇权屈服的一个写照。

入仕之初，为了实现自己的政治抱负，孙嘉淦曾以敢于直谏而有名于时，并以此而引起最高统治者的重视。雍正初，为了建立统治，雍正曾对与其争夺储位的骨肉兄弟大打出手，使得朝中大臣人心惶惶。当时身为翰林院检讨的孙嘉淦上书言三事，即亲骨肉、停捐纳、罢西兵。在储位斗争余波未平之时，便要求雍正亲骨肉，自然会逆龙鳞而犯讳。雍正帝看完这篇不合时宜的奏疏后虽甚为恼火，但因其并非政敌党羽，同时对其敢于批评皇帝的胆量亦颇为嘉许，并未就此加罪，而是将其职务一再提升。乾隆即位后一度汲汲求治，孙嘉淦呈上著名的《三习一弊疏》，深切时弊，与当时的政局背景关系密切，乾隆帝看了此疏之后大加赞许，随后升孙嘉淦为都察院左都御史，不久又转吏部尚书、直隶总督等中外要职。在此期间，为了报答乾隆知遇之恩，他知无不言，并多次上疏要求乾隆近贤远奸。在实际工作中，也疏劾权贵，惩治贪官，平反冤狱，革除败政，致力河工建设。后来，随着乾隆专制统治的不断加强，对于孙嘉淦，乾隆渐觉厌弃，开始是越调越远，如湖广总督、福建巡抚，后来为了加强控制而将之调入京城，但是授予的职务却越来越低，如宗人府丞、左副都御史、上书房师傅、兵部侍郎、工部尚书、翰林院掌院学士等，都是一些闲差使。眼见自己失去乾隆信任，孙嘉淦开始要求致仕。后来，伪孙嘉淦奏疏稿案发，眼见由于自己以前直谏被人利用而闯出弥天大祸，为防株连，遂又深自敛抑，所有昔日锋芒全行收起，变就一副乡愿嘴脸，俯伏听命。对此，乾隆甚表欢迎。乾隆十七年，又以他为吏部尚书、协办大学士。次年，孙嘉淦卒于任上，乾隆予谥“文定”，从而最终完成了由治国平天下的担当者到皇室奴仆的转变过程。

需要指出的是，乾隆元年，乾隆将孙嘉淦擢任左都御史时，孙嘉淦所上之《三习一弊疏》是一篇颇有影响的文献，但不知一些电视剧为何认为是杨名时所作。

第十一章 迭兴文狱

由伪孙嘉淦奏稿案而引发的乾隆朝文字狱，因伪奏稿的作者未能查到而不断地扩大、升级，犹如一股寒流吹遍了中国大地，并且一发而不可收拾，愈演愈烈，一直延续到了乾隆末年。

在不断掀起统治集团内部斗争以加强自己统治的同时，乾隆还采取措施加强对全国臣民的控制。其中，一个重要的表现是文字狱案件的大量出现。这些活动，使他的专制统治强化到了有史以来无以复加的地步。

乾隆制造文字狱，始于乾隆十六年发生的伪孙嘉淦奏稿案。这一文件措辞之尖锐、传播范围之广都大大地超出了他的想象。因而，这一事件的发生也使得他感到风声鹤唳、草木皆兵，甚为孤立，并对当时形势作出了完全错误的估计。他感到，不但在各级官吏中有着一支和自己相对立的势力，而且由于长期以来固有的满汉民族矛盾，这支势力还有着极其深刻的历史背景和社会基础。为了进一步巩固清朝政权和加强自己的专制统治，他除动用全国力量追查伪奏稿作者并寻找时机对各级官员中的异己势力进行严厉打击之外，还以清查“悖逆”著作为借口，在全国范围内掀起了制造文字狱案件的浪潮。顷刻之间，这股寒流吹遍了中国大地。

清查“悖逆”著作发动之初，虽然来势甚为凶猛，但就涉及人员而言，不是神志昏乱、满口胡言的疯人，就是不安本分、热衷躁进的下层士人，而真正反清、反乾隆本人的几乎没有。如王肇基、丁文彬、刘裕后、杨淮震等案便都是疯人惹祸，而刘震宇、李冠春等案又全是士人不安本分而自投罗网。乾隆为此而兴师动众，很难说对加强自己专制统治和巩固清朝政权有什么意义。尽管如此，为了造成声势，乾隆还是煞有介事、各予严惩。与此同时，他还亲自出马，先后制造了胡中藻《坚磨生诗抄》案和彭家屏私藏禁书案，以对全国各地官员进行煽风点火。在他的策动下，各地官员望风希旨，将他制造胡、彭两案时所使用的穿凿附会、深文周纳等手法照抄不误。一时之间，全国各地的文字狱案件出现了高潮。据统计，从乾隆二十年春胡中藻案开始至乾隆三十八年纂修《四库全书》之前，各种文字狱案件不下五十起。因文字而罹祸的人员，除中下层封建儒生外，尚有宗室贵族、政府官员和不少平民百姓。对涉及人员的处理，不是凌迟处死、籍没家产，就是革职拿问、遣戍边远。在文字狱的高潮期间，又有经办官吏的断章取义、扩大案情和民间的告密、诬陷以泄私愤，都大大加重了对人民和社会的危害程度，以致当时全国求学的士子、坊肆的书贾、种田的农夫，甚至供职的官吏，无不人人自危，整个社会处于一片恐怖气氛之中。

在这些文字狱案件中，疯人惹祸占去了颇大部分。在当时社会条件下，全国各地一些士人或因科场不遇而发疯，或因丧亲至痛而癫狂，甚而胡言乱语、涂抹成文，实为一种在所难免的社会现象。文字狱发动之初，有些地方官员为了向乾隆邀功请赏，这些不幸的士人便首先成了他们向上爬的牺牲品。乾隆也不辨真伪，一概予以严惩。比如乾隆二十一年四月，山东日照县一个疯人刘德照胡乱涂抹了“兴明兴汉及削发拧绳”之语，地方官立刻视为大案、要案上奏乾隆，而他看过之后竟对其是否为疯人也表示怀疑。他说：“当此光天化日之下，如此肆行狂吠，岂疯癫人语耶。”因此，刘德照被处死，其并不知情又居他县的亲属也被发往黑龙江给披甲人为奴。乾隆二十六年，又先后发生了三起疯人惹祸事件。其中，江西李雍和、甘肃王寂元皆于科场考试时向考官投掷呈词，大骂糊涂衙，因为李雍和呈词中有“怨天、怨孔子、指斥乘舆之语”，而王寂元投词中有“大逆之语”，结果都被乾隆下令凌迟处死，两人亲属也分别受到株连，或处斩立决，或处斩监候。浙江疯人林志功虽无“悖逆之句”，也因“妄称诸葛，自比关王”而发遣边远。因为这类案情过多，不作处理无法向乾隆交代，皆作处理又妨碍公务且无意义，乾隆二十八年，一个地方官员上奏乾隆，要求将各地疯人通行锁锢，免得他们“拨弄笔墨，滋生事端”，给政府找麻烦，旋即经乾隆批准执行。这样一来，全国疯人便都成了专政对象。

还有一些案例是下层士人不安本分、热衷躁进而自投罗网。当时，有一些迂腐儒生如李超海、安敬能等，古书读得入迷，总以为乾隆是求贤若渴的旷古明君，而自己则是管仲、乐毅、诸葛亮一类的命世之才。为了实现“朝为田舍郎，暮登天子堂”的企图，他们或者著书立说、干求当道，或乘科举考试时于试卷上痛快淋漓地写上一通自己的见解，抨击权贵，以古喻今，以求自炫，什么制衣冠、定乐章、改正朔，五花八门，无奇不有。谁知这些也都正触到乾隆痛处，官未捞成，反而一个个都成了刀下之鬼。这些人也许至死都不明白他们犯了什么罪。

当然，在当时的各种文字狱案例中，也确有一些人是因对乾隆一些政策有看法或对地方官员不满而入狱。对于这些案件的涉案人犯，乾隆往往予以极其严厉的打击。如乾隆二十年，江苏遭灾，地方官员办赈不力，灾区人民生活极为困苦，一个常熟民人朱思藻摘取“四书”中斥责暴君污吏之语连缀成文，“以泄其怨望之私愤”。乾隆对此极为愠怒，以其“怨望谤讪，狂悖不法”“侮圣非法，实乃莠民”，将其发配黑龙江。又如乾隆二十六年，江苏沛县监生阎大镛所著《俣俣集》中，因有“讽刺官吏，愤激不平，甚至不避庙讳之语”，也被乾隆谕令照吕留良之例办理。在这些案件中，影响较大的是乾隆三十二年后发生的蔡显《闲渔闲闲录》案和齐周华文字狱案。

蔡显，字景真，号闲渔，江苏华亭人，雍正朝举人，雍乾间以在籍教书为业，先后刊行自著《宵行杂识》《红蕉诗话》《闲渔闲闲录》等书。因为他在这些著作中对地方官员、乡绅的不法行为有所揭露，当地官绅便摘取他所著各书中的一些诗句指为怨望谤讪，并散发匿名传单进行攻击。蔡显被迫携其所著各书向当地官府自首。蔡显原是希望官府代为剖白，而当地官员竟以此入罪，拟以凌迟处死。乾隆在重新审理此案时，又发现了许多“悖逆”罪证，如《闲渔闲闲录》一书对前朝文字狱情况有所记载；还有一些诗句如“风雨从所好，南北杳难分”“莫教行化乌肠国，风雨龙王欲怒嗔”和抄写前人所作的《紫牡丹》诗句“夺朱非正色，异种尽称王”等，在他看来都是“大逆不道”之辞。据此，他指斥蔡显“有心隐约其辞，甘与恶逆之人为伍，实为该犯罪案所系”，并下令将其立行斩首，所刊书籍通行销书毁版。所有为蔡显作序和帮助校刻的二十四位学者也分别遣戍边远。两江总督高晋因为委任幕僚办理此事以致未曾发现这些重要罪证，也受到了乾隆的严厉指责。

齐周华是浙江天台县的一个秀才，敢于对时事和一些学术问题发表个人见解。当雍正处理曾静、吕留良文字狱案时，曾经装模作样地征求天下生监意见。齐周华因赴北京具呈己见（要求释放吕留良子孙）而被押解回浙，严加锁锢。乾隆即位，大赦天下，齐周华被省释，仍以著述为业。在此期间，齐先后著成《名山藏副本》初集等十余种书籍，并将之刊刻行世。乾隆三十二年十月，他又以所著书籍求序于浙江巡抚熊学鹏，案情因以暴露。经过对所著书籍进行审查，发现其中有《狱中祭吕留良》一文，"将逆贼吕留良极力推崇，比之夷、齐、孟子""庙讳御名，公然不避"，乾隆因此下令将齐凌迟处死，所刻书籍通通收缴，与版片一起销毁。与此同时，他还严令追查为齐著作序的一些学者。受此牵连，李绂、谢济世、沈德潜等，或者著作遭到禁毁，或者本人及家属受到提讯。曾经担任过礼部侍郎的齐召南因与齐周华同族，且又为其《天台山游记》一文作过跋文，也被削去官职，查抄家产，递解回籍，最后忧惧而死。

通观乾隆前期的各起文字狱，虽然数量众多，而且罪名也定得吓人，但是核其实际案情，大多都是毛举细故。真正意图反清的几乎没有，至多不过是对乾隆的一些具体政策和个别地方官员有不满情绪，乾隆却不分青红皂白概予严惩。因而，这一活动在全国的蔓延造成了相当严重的后果。广大人民重足而立，侧目而视，整个社会也因此而动荡不安。为了维护正常的封建统治秩序，一些官员上疏乾隆，对当时各级政府机构"遇有造作妖言、收藏野史之类多丽逆案”的做法提出了批评，要求对于此类案件“宜坐以所犯罪名，不必视为大案，极意搜罗”。然而，这时乾隆搞文字狱搞得正带劲，哪里听得进去这些逆耳忠言。对于建言者，严词训斥之外，往往还施以革职、降级等处罚。这样一来，谁也不敢说话了。这样，由乾隆掀起的这股制造文字狱的歪风愈演愈烈，并且一直延续到了乾隆末年。

乾隆后期，随着乾隆专制统治强化到了顶点和查缴禁书在全国的普遍开展，各种类型的文字狱又进入了一个新的高潮。据统计，从乾隆三十八年开馆纂修《四库全书》至其归政前，文字狱案件又有五十多起，对于当时的文化事业和十八世纪下半叶中国政局的发展都产生了极其恶劣的影响。

由于统治经验更加丰富，乾隆后期，在制造文字狱时，乾隆改变前期听凭地方官员乱箭齐发的做法，将清查“悖逆”著作集中到收藏、阅读明末清初渗透强烈民族思想的各种历史著作和文学著作上来。乾隆三十九年八月，乾隆通令全国，以“明季末造野史”和“国初伪妄诗文”为重点，查缴禁书。与此同时，他还不时选择其中一些著作升级处理，制造文字狱。如当年十一月，刚刚颁布查缴禁书谕旨不过三个月，他即一手制造了屈大均诗文案。他一方面严令广东官员传谕屈氏子孙呈缴明末清初抗清志士屈大均所著《广东新语》和所刊诗文，一方面又令两江总督高晋至南京城外雨花台一带确访屈大均衣冠冢，企图毁坟灭迹。仅因查缴禁书活动刚刚开始，乾隆不便将屈氏子孙问罪，兼之以年代久远，屈大均衣冠冢旧迹不存，此案才不了了之。屈案之后，明人所作和清人所辑刻的各种涉及明清易代之际的著作如《遍行堂集》《皇明通纪》《喜逢春传奇》《国朝诗别裁集》《六柳堂集》等，也先后被禁，所有书籍及版片通行查缴，解京销毁。受此牵连，原书作者、辑者和主持刻印上述各书人的后裔也分别被追究或者受到刑罚处分。

与此同时，他还一手制造了轰动全国的徐述夔诗狱案，以推动查缴禁书活动的深入开展。徐述夔是江苏东台县的一个举人，生前著有诗文多种。徐死之后，他的儿子徐怀祖将其遗著刊印行世。乾隆四十三年时，徐述夔之孙徐食田因田土纠纷同本县监生蔡嘉树结仇，蔡嘉树因赴官府首告徐食田私藏禁书。江苏布政使陶易受理此案时，因为蔡嘉树举止卑污，不准所控，并拟坐蔡以反诬之罪。但是，乾隆得知此案后，案情却发生了戏剧性的变化。经过对徐书的审查，乾隆从中发现了许多反对清朝统治的"罪证"，如徐述夔在《咏正德杯》一诗中称"大明天子重相见，且把壶儿搁半边"，在他看来，"大明天子"不用说是指明朝皇帝，"壶儿"是"胡儿"的谐音；《一柱楼诗》称"明朝期振翮，一举去清都"，被牵强附会地解释为"借朝夕之朝作朝代之朝，且不言到清都而言去清都，显有去本朝兴明朝之意"。这样一加解释，徐述夔"系怀胜国，暗怀诋讥，谬妄悖逆，实为罪大恶极"。除此之外，他还发现，为徐校订诗作的两个学者，一名徐首发，一名沈成濯，均非命名正理，"必因为逆犯校书后，始行更改此名""诋毁本朝剃发之制，其为逆党显然"。为此，他严令地方官员将隐匿禁书的徐食田及所有干连人犯拿解至京，所有该书流传抄录之本概行搜缴干净。经过严刑审讯，最后定案：徐述夔、徐怀祖父子被开棺戮尸；曾为徐述夔作传的致仕礼部尚书沈德潜虽已死去，也被扑倒墓碑，追夺官职、谥典。其他干连人犯如藏匿该书之徐食田，为该书作跋之毛澄，校订该书之徐首发、沈成濯，处理该案不力的江苏布政使陶易、东台知县涂跃龙和陶易幕友陆炎等，通通处以斩监候，秋后处决。

在徐案的带动下，各地官员分头出击，一时之间“战果”辉煌。对此，乾隆也都作出了极其严厉的处理。乾隆四十四年正月，江苏兴化县查出明末清初李驎所著的《虬峰文集》中有“系怀胜国，望明复兴”的诗句。诗云：“白头孙子旧遗民，报国文章积等身。瞻拜墓前颜不愧，布袍宽袖浩然巾。”因为李驎无后，乾隆无法施其淫威，销书毁版之外只好掘墓戳尸枭首以泄愤。此后不久，福建、江西又先后查出冯王孙所著之《五经简咏》中有“复明削清”之语，祝廷诤所著之《续三字经》中有“发披左，衣冠更；难华夏，遍地僧”等影射攻击清朝剃发的文字，除通行查缴销毁流传书籍、版片之外，对于前案，乾隆指令“照大逆凌迟缘坐律，迅速问拟具奏”；对于后案，则将已故之祝廷诤开棺戮尸，孙辈现存者通通斩立决。

乾隆四十五年以后，又相继发生了魏塾妄批江统《徙戎论》案、戴移孝《碧落后人诗集》案和卓长龄《忆鸣诗集》案等有名文字狱。其中，魏塾原是山东寿光县的一个民人，因不满于本县官吏借差科派，欲赴上官衙门控告。该县县官闻知后，先下手为强，派人搜检其家，发现他收藏禁书并在江统《徙戎论》一文上写了一些体会，即刻以此入罪。因为“戎”“狄”触犯忌讳，乾隆下令：魏塾立斩，嫡属一律斩监候。戴案是因安徽和州戴移孝、戴昆父子合著的《碧落后人诗集》《约亭遗诗》中有“长明宁易得”“短发直长恨”“且去从人卜太平”等“悖逆”文字而引起。据此，乾隆下令将戴氏父子戮尸枭首，收藏该书之戴世道立斩。卓长龄《忆鸣诗集》案发生在浙江仁和县。因为该书一诗中对清军南下暴行进行了揭露，乾隆极为痛恨，除将卓长龄等五人开棺戮尸外，收藏该书的卓天柱也受到斩立决的处分。以上所述，不过是当时处理的所谓“悖逆”著作的几个案例，由此也可看出乾隆处理“悖逆”案件是何等的严厉！

在针对明清之际的文史著作和社会上的反清思想而屡兴大狱的同时，为了无限制的强化皇权，乾隆还对触犯皇帝尊严和侵犯皇权、违制上书言事的士民官吏大开杀戒。

首先是对触犯庙讳、御名者予以严厉制裁。许多文人就因这样的无心之过而丢掉了脑袋。乾隆四十二年，乾隆首先制造了一起王锡侯《字贯》案。王锡侯是江西新昌县一个学究，因为看到《康熙字典》中存在一些问题，便私下加以删改，另编《字贯》一书。《康熙字典》是康熙钦定之书，敢于对该书进行批评，自然是“罪不容诛”。江西巡抚海成侦知此事，立即奏请乾隆，将他革去举人，进行审讯。乾隆在审理该案时，又发现该书凡例中将康熙以下以至自己的庙讳、御名各以本字开列，“深堪发指”，便认为这是更重要的罪证，命令将其拿解京师，照大逆律处决。与此同时，还通令江西及相邻各省查禁王锡侯的所有著作和版片。江西巡抚海成虽然首举此案，但却因未曾发现这一重大问题而被乾隆斥为“天良昧尽”，革职下狱。受此案牵连，王锡侯的座师、已故尚书史贻直和钱陈群的子孙遭到提讯，两江总督高晋和江西布、按两司官员也分别受到降级革职的处分。此例一开，因犯讳而被处死的文人，一批接着一批。乾隆四十四年，湖北黄梅监生石卓槐因在所刊《芥圃诗钞》中不避庙讳、御名，书遭毁禁，人被凌迟处死。四十六年，又有僧人昙亮所携经卷中有直书御名者而被斩决；湖北黄梅民人吴碧峰刊刻的书籍，因“庙讳、御名均未敬避”而被监毙狱中。

庙讳、御名如此，推而广之，对于敢于使用习惯上为皇帝所专用的一些字词的文人，乾隆也极不客气。乾隆四十年，江西疯人王作梁因在投递书信上写有“坤治”年号而被凌迟处死；四十三年，江苏赣榆县廪生韦玉振为父刊刻行述，使用了“于佃户之贫者，赦不加息”的字眼，便被捕拿治罪；四十六年，寓居河南的湖北孝感生员程明諲在为同乡书写寿文时写有“绍芳声于湖北，创大业于河南”而被斩立决。

此外，由于此时乾隆已年迈，而且数十年来屡兴大狱，缺德事办得太多，对于“老”“死”一类字眼也极为忌讳。逢到臣下和士人在诗文著作中使用这些字眼，总是推敲再三，并怀疑其意存诅咒而严加惩处。乾隆四十四年四月，一个直隶民人智天豹为了讨好乾隆，特使其徒向乾隆献上了一本万年历。不料，乾隆看过，却以该历仅编至乾隆五十七年，其意是在诅咒自己早死，下令将智天豹处决。同年五月，乾隆又看到安徽天长县一个贡生程树榴所刻诗文序言中有指斥上天之语，文云“有造物者之心，愈老而愈辣；斯所操之术，乃愈出而愈巧”，乾隆歪着脑袋看来看去，越看越觉得是在说自己。他说：“天有何老少，必因近日王锡侯、徐述夔二案，借造物以为比拟，忍心害理，莫此为甚。”程被斩首不算，他的儿子和处理该案不力的天长知县高见龙也受到斩监候的严厉处分。

其次，对于指斥时政和违制上书言事者，乾隆也都给予严厉的惩罚。乾隆后期，朝政腐败，贪官横行，人民负担空前加重，社会矛盾日益尖锐。为此，一些有识之士或公开建言，或私下著书，对朝廷和地方弊政加以揭露。乾隆四十四年，安徽生员王大蕃把本省学政戴第元当成了自家人，向他投递书信，内列征收漕粮、科举考试、税务征收中的各种弊端和贪官害民之事；四十五年，广西平南县生员吴英向布政使朱椿投递策书，要求蠲免钱粮、添设义仓及革除盐商、盗案连坐、禁止种烟、裁减寺僧等；同年八月，湖北宜昌生员艾家鉴在乡试试卷上书写条陈指斥书吏舞弊殃民。对此，乾隆不但不予考虑，反而视为“不安本分”而分别严加处理。其中之王案，虽无“悖逆”之语，也被发遣伊犁；另外两案，则因其语涉狂诞、迭犯御名而分别处死。尽管如此，由于政治黑暗，士人私下著书指斥时政者仍然时有发生。其中，比较典型的是乾隆五十三年发生的贺世盛《笃国策》案。贺世盛是湖南耒阳的一个老秀才，久困场屋，为了抒发胸中的抑郁不平之气，著成《笃国策》一书指斥朝廷放着满腹经纶的士人不用，却让那些有钱人捐纳官职、占居仕途；同时，该书还对地方钱粮征收中的淋尖、踢斛、高价折收和官场上的贿买官职的黑暗现象进行了揭露。此时，由于年迈和怠于政事，乾隆已有数年不搞文字狱，但在发现此案后，杀机又起。为此，他特颁谕旨，大讲自己在位五十三年间蠲漕免粮的德政，同时极力为自己开捐辩解。对于贺世盛本人，他认为：“此等狂悖之人，若竟从宽典，俾安坐囹圄，势必更肆狂吠，又如曾静之罪大恶极，寸磔不足蔽辜。”因而，在销毁其著作的同时，下令将其立斩。就是通过这样的残酷镇压的方式，乾隆将自己的专制统治强化到了有史以来的最大程度。

第十二章　扫定西北

乾隆二十年至二十四年，乾隆发动了平定西北地区准噶尔部达瓦齐和阿睦尔撒纳叛乱、回部大小和卓木叛乱的战争，取得了重大的胜利。继而又接受了土尔扈特异域回归，统一了准、回各部，使西北地区置于中央政府的直接控制之下，从而奠定了中国的西北疆域。

在乾隆大兴文字狱之际，中国西北地区的准噶尔地方政权上层贵族发生了内讧。利用这一有利时机，乾隆发动了平定西北叛乱的战争。

乾隆二十年二月，清朝军队五万余人，分北、西两路向准噶尔地区进攻。其中，北路以定北将军班第为统帅，定边左副将军、降将阿睦尔撒纳为先锋，由乌里雅苏台进兵；西路以定西将军永常为统帅，定边右副将军、降将萨喇勒为先锋，由巴里坤出师，约期会于伊犁北部三百余里的博罗塔拉。由于经过准备，出征清军士气饱满，进展神速。与此相反，准噶尔台吉达瓦齐却因预料“大兵前来，须待明年草青”而日在醉乡，未作任何防御。直至清军出师一个月后他才得知消息，手忙脚乱地征调军队，布置防御事务。然而，由于长期内乱，准噶尔内部早已人心涣散。因而，从清军启程之日始，大批准噶尔部众在其台吉、宰桑的带领下纷纷向清军投诚，从而使清军进兵更为顺利。五月初，清军一举克复准噶尔首府伊犁。在清军的强大攻势下，达瓦齐带领余众万人退往格登山，妄想凭借险要地势负隅顽抗。阿睦尔撒纳穷追不舍。

五月中，他派勇士二十余人夜袭敌营。此时，达瓦齐军队已是惊弓之鸟，深夜中听到炮声四起，便以为清军主力前来进攻，立即四下逃散。达瓦齐本人则率领残部越过天山，遁往回疆，后同逃亡了三十二年之久的罗卜藏丹津一起被俘，押解到北京。出师不到三个月，准噶尔全境荡平。消息传来，乾隆大为振奋。当天，他即亲诣畅春园，将此特大喜讯告诉他的母亲崇庆皇太后，而后颁诏天下，并对与事诸臣加官晋爵。为了庆贺胜利，他还指示臣下议定告祭天地、太庙、社稷、陵寝礼仪，办理凯旋、筵宴、赏赉、恭上皇太后徽号、御制碑文勒石太学、于伊犁等地勒石纪功和开馆纂修《平定准噶尔方略》事宜。然而，就在他陶醉于胜利的时候，由于平叛大军的仓促撤离，又发生了一场由阿睦尔撒纳掀起的遍及准噶尔全境的更大规模的叛乱。这样，乾隆不得不将各种庆贺仪式暂时停住，进行了更为艰苦的平定阿睦尔撒纳叛乱的战争。

阿睦尔撒纳原是准噶尔四汗之一，势力强大。在与达瓦齐作战失利之后，为了报复并取代达瓦齐为四部总汗，他率部东迁，投顺清朝。对此，乾隆心中虽甚明白，但因他是当时准噶尔各支势力中唯一可以和达瓦齐相抗衡的势力，故而对其来降仍竭诚欢迎，并委以重任。达瓦齐政权崩溃后，由于出征清军粮运不继，大队撤离。这时，阿睦尔撒纳企图篡夺胜利果实的野心全行暴露。为了达到割据西域的目的，他背着清朝官员“与各宰桑头目私行往来，行踪诡秘”，事事、处处以总汗自居，不穿清朝官服，用兵行令不用定边左副将军印信而是“私用噶尔丹策零小红钤记”。同时，他还将服从清朝政府指挥的准噶尔官员视若寇仇,“潜行猜疑”“任意杀害”;对于安排归顺台吉、宰桑入觐事宜，则加以篡改，将不附于己者悉令入觐，而其亲信党羽则留下不遣。此外，他还通过亲信死党大造反清舆论，声称“如不令阿睦尔撒纳统领驻扎，伊等宁剖腹而死，不能贪生，别事他人”。为了铲除这股势力，乾隆一面降旨谕其入觐以使其离开准噶尔，一面暗中谕令留守大臣班第、鄂容安乘机将之剪除。因为大兵已撤，班第等兵微将寡，无力剪除，只好劝其入觐。阿睦尔撒纳上路后一路迁延，八月中旬公开树起叛旗，直扑伊犁。三四天后，伊犁失陷。班第、颚容安突围不成，自杀殉国。西路统帅永常闻知此讯，不但不率军赴援，反而自乌鲁木齐狂遁巴里坤。这样，大军撤离不过三个月，准噶尔又陷于一片混乱之中。

为了恢复对准噶尔地区的统治，乾隆二十年九月，乾隆命策楞、达勒当阿等统帅军队，以西路为重点，向伊犁地区发动进攻。此时，因为有和卓木叛乱回军相应援，阿睦尔撒纳势力颇为强大，屯兵博罗塔拉。当年十二月，经过两日激战，阿睦尔撒纳进入伊犁。得知这一消息，乾隆即令各路清军挥师伊犁以成包围之势。阿睦尔撒纳见势不妙，次年正月弃城而出，向西北哈萨克方向逃跑。此时，负责追击的清军将领玉保与其相距仅有一日路程。为了摆脱清军，阿睦尔撒纳玩弄诡计，使人至清军大营中告知，阿睦尔撒纳已经就擒。玉保得知此讯，以为大功告成，遂驻兵不进，并以红旗驰报全军主帅策楞。策楞得报，不审虚实，率尔露布告捷。二月中旬，这一“捷音”传至京师，乾隆大喜，对参与西征诸臣分别加官晋爵，并以军务告竣颁诏中外。这天，他原计划启程前赴曲阜，也因此而临时改变主意，改赴易州泰陵，向雍正亡灵去报告这一“特大喜讯”。就在西征部队和朝廷上下欢庆胜利的时候，阿睦尔撒纳已安然逃入哈萨克。不久，事实澄清，乾隆羞愤交加，将策楞、玉保拿解入京治罪，以达勒当阿、兆惠等统率全军，继续进行平叛事宜。

乾隆二十一年四月，达勒当阿、哈达哈率领军队，分从西、北两路进兵哈萨克。当年七月，西路达勒当阿大败哈萨克、阿睦尔撒纳联军；不久，又以寡击众，再度重创敌军并几乎擒获阿睦尔撒纳本人。只因阿睦尔撒纳再施诡计，战场之上，恐被清军认出而改用蓝旗；战败之后，又诡使人来言哈萨克即将执献阿睦尔撒纳。达勒当阿遂为其所愚，“遂下令驻兵”，“阿逆复徐扬去”。

阿睦尔撒纳出逃之后，准噶尔地区形势仍然十分的混乱：一是各部台吉、宰桑率众反清者此起彼伏；二是各部台吉、宰桑互相攻杀。为了安定后方，乾隆二十一年秋，乾隆下令暂停进剿阿睦尔撒纳，任命成衮扎布为定边将军，率军七千平定准噶尔各地叛乱。由于准噶尔各部台吉旋抚旋叛，乾隆对之极为痛恨，因而在平叛过程中也暴露了他残暴嗜杀的本性。当年十一月，他指示平叛将领，“凡遇背叛贼人，悉行剿灭”。次年三月，诛杀范围又扩大到了参与叛乱的各部台吉、宰桑的下属部民。在具体执行过程中，已经投诚的各部人民也大量地被杀戮。这一活动，从乾隆二十二年初开始，至次年进军回部时仍在进行。恰在此时，准噶尔地区天花流行，“死亡相望”，因而此次战争之后，当地人口锐减，经济破坏严重。

在准噶尔各部叛乱达到高潮之时，阿睦尔撒纳又像幽灵一样出现在博罗塔拉。为了进一步扩大战乱，他一方面派人前往喀尔喀，企图与举行反清武装叛乱的蒙古王公青滚杂卜取得联系；一方面又借兵哈萨克以壮大自己军事实力。对于阿睦尔撒纳的这些活动，乾隆极其注意。青滚杂卜叛乱刚刚发动，他即集中全力，将之迅速平定，从而使自己避免了两面作战的被动局面。与此同时，他还致书哈萨克阿布赉汗巴巴，离间他和阿睦尔撒纳的关系。准噶尔各地平定之后，他立即调集军队对阿睦尔撒纳发动进攻。乾隆二十二年三月，参赞大臣富德率军与阿睦尔撒纳军队接火，“剿灭贼党甚众”。阿睦尔撒纳不敢迎战,“望风而遁”。乾隆得知消息，指令兆惠、富德两路合为一路，追击阿睦尔撒纳。在清军的追击下，五月间，阿睦尔撒纳退往老巢塔尔巴哈台，不久复投哈萨克。此时，在乾隆对外政策的感召下，哈萨克汗和阿睦尔撒纳之间已经发生矛盾。因而，阿睦尔撒纳一入哈萨克境内，哈萨克汗即散其马匹，欲将其擒献清军。阿睦尔撒纳发觉后，非常狼狈地抛弃衣物，率领亲信徒步逃入俄罗斯，于不久后出痘死去。为了拿获叛乱元凶，当年九月，乾隆指令理藩院行文俄罗斯萨纳特衙门，要求引渡阿睦尔撒纳。次年正月，沙俄政府被迫将其尸身送至恰克图，经清使验看无误后回京复命。至此，持续三年的平定准噶尔叛乱的战争最后结束。在这次巩固国家统一的战争中，乾隆取得了重大的胜利。

阿睦尔撒纳叛乱大致平定之后，乾隆二十三年春，乾隆又乘胜挥师南下，进行了平定大小和卓木叛乱、统一天山南路的战争。

大小和卓木——布拉呢敦和霍集占，是天山南路回族的宗教首领。相当长的一个时期中，他们一直处于准噶尔政权的控制之下。乾隆出兵平定准噶尔叛乱，使得回部各城摆脱了准噶尔政权的控制，布拉呢敦和霍集占对形势作出了完全错误的估计，并借机“整顿鞍马器械”，自称“巴图尔汗”，拥兵自立。与此同时，还将清朝政府派赴南疆招抚的使臣加以拘禁、杀害。这样，乾隆二十三年正月，在确知阿睦尔撒纳已死之后，乾隆正式下达了进军回疆、讨伐大小和卓木叛乱的命令。当年五月，靖逆将军雅尔哈善率领八旗、绿营一万余人攻打位于回疆北部的重要城镇库车，三个月后克复。与此同时，在兆惠等各路清军的强大攻势下，回疆各城也纷纷摆脱大小和卓木的控制，投向清朝政府。布拉呢敦、霍集占穷蹙无依，分别率领残部遁往回疆南部的喀什噶尔和叶尔羌，妄图各据一城，互为犄角，负隅顽抗。为了追歼穷寇，兆惠率军四千，自乌什起程，越过一千五百余里的大沙漠，当年十月初进抵距叶尔羌四十里的辉齐阿里克。看到清军孤军深入，大小和卓木出师相拒，从而发生了著名的黑水营之战。

十月中旬，兆惠率师渡过叶尔羌城东的喀喇乌苏河（黑水河），攻打该城南部的英峨奇盘山以掠其牲畜。但当清军前锋刚刚开始渡河之际，霍集占率军自城中突出，将清军截为数段并向清军发动了猛烈的进攻。在异常不利的形势下，清朝军队奋勇应战并先后杀死敌兵多人，但因众寡悬殊，清军本身也损失重大，主要将领兆惠、明瑞等皆负伤多处，总兵高天喜等一百余人相继阵亡。眼见形势异常险恶，兆惠一方面派人突围至阿克苏要求后继部队速来救援，一方面继续率军激战。经过五昼夜的激战，兆惠率军突围而出，还占据叶尔羌城东大营。这时，霍集占军队也随即赶至，将大营团团围住。不久之后，布拉呢敦又率军万人自喀什噶尔赶来，一起向被围清军发起激烈的进攻。在外援完全断绝的情况下，清军主将兆惠临危不乱，团结全军将士，严密防守，沉着应战，伺机杀敌。叛军先是环绕营地构筑长围，以待清军食尽自毙，清军则杀食军中驼马及发掘当地人窖藏之粟以济军食。见此不能取胜，叛军又掘水灌营，清军则挖沟排水，将之泄于下游。后来叛军又突破长围，以芦苇遮体来犯，清军见弓箭、鸟枪不能奏效，便改用火攻之法。这样，尽管被围清军粮草奇缺，弹药不足，环境极为恶劣，但是在兆惠的率领下，全军士气高昂，先后给进犯之敌以极其沉重的打击，以致敌军围营三个多月也无法跨进清军营垒一步。

十月二十日以后，兆惠派出的几位告急使者先后到达阿克苏。驻守当地的大臣舒赫德虽然当时已被革职，但见情况异常紧急，即刻飞章入奏乾隆，并移文尚在乌鲁木齐的参赞大臣富德、阿里衮等马步兼行速向阿克苏。与此同时，他还亲自率领阿克苏附近各城清军三千五百名向叶尔羌进发。十一月中旬，告急文书到达北京。乾隆正式行文，命令北疆部队速行南下，“惟应援兆惠为要”。另外，他还飞调索伦、健锐营、察哈尔、西安、达什达瓦及绿旗军队一万五六千名千里驰援，挺进回疆。腊月间，驻守北疆的富德率军到达南疆，与舒赫德所领军队汇为一路，抵达叶尔羌以北的巴尔楚克。此时，闻知清军援兵将至，大小和卓木一方面集中主要兵力急攻被围的兆惠营寨，一方面分兵五千名迎击救援清军于呼尔璊。在与救援清军接战三日后，清军后队阿里衮率军赶至，大破叛军。闻知救援军队赶来，兆惠等被围清军勇气倍增，即刻向包围营地的叛军发起进攻。乾隆二十四年正月十四日，大小和卓木兵败遁走，各路清军会师一处，返回阿克苏暂事休整，长达三个多月的黑水营之战遂以清军的最后胜利而告结束。

黑水营之战的胜利使大小和卓木心惊胆战，连年战争也给回部广大人民带来了深重的灾难，引起了他们的不满和反抗，使得他们无法再在两城驻足，故而，六月间，兆惠、富德率兵再度出现于喀什噶尔和叶尔羌城下时，大小和卓木即刻弃城西走，胁裹数千回族人民投奔巴达克山国。为了追歼穷寇，清军不顾疲劳昼夜追击，终于在与巴达克山国的交界处将叛军截住。眼见大小和卓木大势已去，被胁外逃的回众纷纷携眷下山乞降，"声如奔雷，霍集占禁之不能止"。大小和卓木只好带领少数亲信逃往巴达克山国，旋因清朝政府派员交涉而被当地酋长素尔坦沙所擒斩，平定回疆叛乱获得了最后的胜利。

长期以来处于分立状态的西北地区因此置于中央政府的直接控制下之下，西北疆域也因此而最后确定下来，对于清朝中期全盛局面的形成、国家的统一都起了重要的作用。

平定准噶尔、回疆叛乱之后不久，在维护祖国统一方面，乾隆又做了一件有功于历史的漂亮事，这就是接受土尔扈特异域来归。

土尔扈特部落原是漠西蒙古四部之一。17 世纪 20 年代以前，该部一直居于准噶尔地区。明朝崇祯初年，该部因和邻近蒙古各部发生矛盾，在其首领和鄂尔勒克的率领下离开世代居住的塔尔巴哈台一带地方，几经辗转，定居于伏尔加河下游一带。在旅居国外一个多世纪的时间里，面对异国殊俗，土尔扈特部人民无时无刻不在思念自己的祖国，并不顾山险路长，一直和中央政府以及留于原居地的厄鲁特各部保持着密切联系。与此同时，清朝中央政府也对远在异域的土尔扈特人民表示深切的关怀。康熙五十一年，康熙皇帝专派尹扎纳、图里琛等前往伏尔加河下游，探望土尔扈特人民。对于土尔扈特和清朝中央政府间的密切关系，沙俄当局极为不快。为了加强对土尔扈特部人民的控制，一方面通过改组土尔扈特部落会议 (扎尔固齐) 以限制土尔扈特汗的权力，一方面又实行宗教渗透，逼迫广大土尔扈特部人民改宗东正教。同时，沙俄还把广大土尔扈特丁壮作为炮灰，大量征调他们参军，去和瑞典、土耳其等国作战，"归来者十之一二"。对于沙俄当局的压迫，他们实在无法忍受，而清朝出兵平定准噶尔叛乱又使他们返回原居地成为可能，因此，经过长期准备，乾隆三十五年十一月，居住于伏尔加河南岸的十七万土尔扈特人同时开始了反抗沙俄大起义、彻底摆脱沙俄政府的控制、浩浩荡荡地走上重返祖国的征程。在回国途中，他们击退了沙俄军队的追击，哈萨克、布鲁特等部的骚扰，克服了给养缺乏、疾疫流行等许多难以想象的困难，终于在次年六月进入中国境内，实现了他们返回祖国的夙愿。

早在乾隆三十六年三月，乾隆既已得知土尔扈特正在向中国边境转移的消息。由于在来归土尔扈特部众中，有在平定准噶尔叛乱时叛逃国外的舍楞、劳章扎布等人，一时之间，对于其入境意向，不少官员疑虑重重,“议论沸起”。他们一则怀疑土尔扈特前来投顺只是犯境借口，二又惧怕收受“俄罗斯叛臣”会引起沙俄干涉。对此，乾隆经过通盘考虑，力排众议，决定对万里来归的土尔扈特部众予以热情的欢迎。为了使土尔扈特来归人众了解自己的态度，当年六月初，大队土尔扈特部众刚刚进入中国境内，他即派得力大臣舒赫德前去迎接。与此同时，为了解除叛而复归的舍楞、劳章扎布等人的疑惧心情，他还专派使者至其驻地面传谕旨，表示“断不究其前罪，务与渥巴锡等一体加恩”。针对土尔扈特人众远道跋涉、各种生活用品奇缺的情况，根据乾隆“口给以食，人授之衣”的指示，大批清朝官员投入到了赈济来归人众的具体工作中。为了救急，乾隆除指令土尔扈特人众所至之地官员动用库存衣物、茶叶、布匹、粮食和官中牛羊之外，还专拔库帑二十万两，于西北各地购置牛羊衣物,“驱往供馈”,“均匀分给”。对于其投顺之后的耕牧事宜，也作出了妥善的安排。乾隆分别将之安置在科布多、珠勒都斯一带。在一切大致就绪之后，当年九月，乾隆在避暑山庄隆重地接见了前来入觐的土尔扈特首领渥巴锡一行，并将渥巴锡封为卓里克图汗，其弟策伯克多尔济封为布延图亲王，舍楞封为弼里克图郡王。其他来归的头目也都分别被封为郡王、贝勒、贝子、辅国公、台吉等。这样，由于乾隆对土尔扈特来归的态度积极、安置妥善，使这些“新投之人，一至如归”，很快地安下心来和各族人民共同开发、建设和保卫祖国的西北边疆。不过两年时间，土尔扈特居地“游牧安帖，田禾茂盛”，一片繁荣景象，乾隆的积极政策收到了极大的成功。

土尔扈特部人民回国定居后不久，沙俄政府便行文清朝政府，一方面胡说“渥巴锡人等俱系悖教匪人，不当收留”；另一方面，又节外生枝地声称土扈特部回国时，曾将一百五十多名俄罗斯人带入中国境内，要求查出放回。与此同时，沙俄政府还蛮横无理地威胁清朝政府，如不交回，“恐兵戈不息，人无宁居”。对于这些无理的要求，乾隆断然拒绝，严词驳斥。对于沙俄政府的武力恫吓，也明确地表示，“或以兵戈，或守和好，我天朝惟视尔之自取而已”。他的这种严正态度，挫败了沙俄企图重新奴役土尔扈特人民的阴谋，同时也使我国的西部边疆得到了进一步的巩固。

乾隆兴师扫定西北，事在乾隆二十年至二十四年，大致可分为两个阶段：从乾隆二十年至二十二年为平定准噶尔部达瓦齐和阿睦尔撒纳叛乱阶段；乾隆二十三年、二十四年为平定回疆大小和卓木叛乱阶段。两个阶段紧密衔接，并无间隔。小说、电视剧虽于两次战争皆有涉及，但亦因历史知识缺乏而有失误。其一是将战争时间与乾隆十二年、十三年进行的初次金川之役搅在一起，并将平定准噶尔和平定回疆两者作了间隔；其二是将回部宗教首领大小和卓木——布拉呢敦和霍集占分为两部。另外，对于准噶尔贵族先世世系，作者也不甚了了，分不清康雍间与清朝为敌的噶尔丹、策妄阿拉布坦和雍乾间噶尔丹策零的亲缘关系和先后次序，还把其中一些人的名字如策妄阿拉布坦屡屡误写作“策凌阿拉布坦”，向读者传递了错误的历史信息。

第十三章　炫耀武功

“炫耀武功”一直是乾隆乐此不疲之事。他在晚年自我总结，其一生有“十全武功”，并自诩为“十全老人”，作《御制十全记》，令以满、汉、蒙、藏四种文字勒文建碑。这“十全武功”中就包括小题大做、穷兵黩武的大、小金川之役和征缅甸、安南战争。

准噶尔、回疆两次叛乱平定后，准噶尔各部宰桑、回疆各城伯克和边外哈萨克、布鲁特、巴达克各部酋长进京朝贡者络绎不绝，一时间，乾隆摆脱了政治上的被动局面，声望大为提高。因而，此后相当长的一个时期中，他踌躇满志，大事吹嘘。类似“不越五载”“关门以西万有余里悉入版图”“载籍以来实罕有伦比”的字样，几乎充斥此时所有的谕旨。在他看来，战争对于自己声望的提高既有如此重要作用，何不趁“国家全盛”之时再发动几场？一则可以继续开疆拓土，二则可以炫耀武功。由是，乾隆三十年至四十年，乾隆三征缅甸，再讨金川，进行了长达十年之久的内外战争。

征缅之役始于乾隆三十一年。此前，缅甸发生内乱，东吁王朝灭亡，木梳部酋长瓮藉牙建立了阿隆丕耶王朝，并不断侵犯中国云南边境地区。乾隆三十一年正月，乾隆调大学士、陕甘总督杨应琚为云贵总督，全面经理对缅事宜。杨应琚至滇后，迎合乾隆开疆拓土的心理，“密奏缅甸可取状”，经乾隆批准照办。这样，杨应琚一面行文缅甸，进行战争恫吓；另一方面，又采取各种手段威逼利诱，使近边缅属各土司木邦、蛮暮、整卖、景线等先后剃发内附。

与此同时，他还调集全省兵力一万四千人分两路出师，对缅甸大举用兵。得知清军出动，缅甸政府立即调动数万军队四路出师，向内附土司和中国内地发动了军事进攻，不但尽复所失旧地，而且在重创清军之后深入中国内地，肆行骚扰。杨应琚轻启边衅受到了严厉的惩罚，也给云南地区人民带来了巨大的灾难。

初征缅甸作战失利，乾隆暴跳如雷。乾隆三十二年二月，他下令革去杨应琚职务，改派明瑞为总督并调集八旗、绿营军队三万余人开赴云南前线，计划对缅甸发动更大规模的军事入侵。当年九月间，清军兵分两路，出境作战。一路由明瑞亲自率领，出宛顶、木邦以向锡箔；一路由参赞大臣额尔景额率领，自老官屯进取猛密。两路军队约会于缅都阿瓦。两路之外，还由参赞珠鲁讷领兵五千人随同明瑞出征，一日攻克木邦即驻军该地以通往来，且可作为两路声援。师行之后，明瑞一路最初虽颇顺利，但额尔景额一路却因缅军顽强抵抗和气候恶劣，部队减员相当严重。缅甸在西线顽强抵抗清军的同时，对于明瑞一路采取了坚壁清野、诱敌深入、包抄后路的作战方针。因而自其出师之后，一路很少遇到抵抗，直至十一月底渡过锡泊江后才与正规缅军在蛮结发生战斗。经过激烈战斗，缅军后撤，但是清军本身也损失严重。同时，由于越境作战已近两月，锐气渐消，粮草弹药也觉不足，不少将领如领队大臣观音保、扎尔丰阿等皆要求退军木邦，整旅再进。然而，明瑞却被连日来的顺利进军冲昏了头脑，不顾多数将领反对，率军继续南向阿瓦。前进途中，困苦万状，路途峭险，“马乏草，牛踣途，贼烧积贮，空村寨，无粮可掠”。十二月间，到达距离阿瓦仅七十里的象孔时，军粮告罄，再也无法继续前进，只好西行就粮猛笼。得知清军粮尽，缅甸开始调军对入侵清军进行追剿。在形势非常被动的情况下，明瑞自猛笼取道大山土司向木邦进发。还师途中，每天都遭到缅军的围追堵截。明瑞不得不步步为营，且战且退。在明瑞一军陷于困境之时，留守木邦的珠鲁讷一军也遭到了缅军的包围而全军覆没。眼见内地和明瑞军队之间的联系被切断，乾隆气急败坏，飞令西路清军率师东向。一月之间，檄凡十四至。但因此时西路将领额尔景额染瘴身故，继任将领额尔登额又畏敌如虎，不但不率师赴援，反而遁回内地。明瑞在外援完全断绝的情况下，率师退至距国境二百余里的小猛育，再也无法抵抗缅军的进攻。明瑞、观音保等被围自杀，余众溃散，二次征缅之役又彻底失败。

二次征缅失败后，缅甸方面曾遣使求和。乾隆本应就此罢手，但是长期以来的虚骄自大心理使得他又对缅甸发动了第三次大规模的军事入侵。明瑞失败的消息刚刚传来，他即任命大学士傅恒为经略、阿里衮和阿桂为副将军，加拨饷银二百万两并征调索伦、达呼尔、锡伯、吉林八旗兵丁、福建水师、四川瓦寺和杂谷土司军队驰赴云南军营待命，所有军用的冲天炮、九节铜炮、火箭、火罐以及祛瘴药物阿魏等均派人送至军前。一时之间，全国骚动。乾隆三十四年三月，大学士傅恒至滇，与阿里衮、阿桂等统兵将领筹划进兵方略。关于出兵日期，群议为霜降后，但傅恒却以所有军队将因此而坐守四五月，既糜帑饷，又懈斗志，决定将出师之日期提前至七月；关于进兵路线，傅恒等决定三路出师。傅恒自统一军沿戛鸠江西岸南下猛拱、猛养，直捣其木梳老巢，是为正师；另外两路一由阿桂统率自江东南行，一由阿里衮率领水师自江中前进，以相策应。当年七月二十日，傅恒率师自腾越启程，而后，其他两路亦相继出发。因为清军暑日出征，故而对于此次入侵，缅甸方面并不急于主动出战，而是先让当地气候狠狠教训一下入侵清军。果不其然，傅恒出师之初，虽然连下猛拱、猛养并于十月间在新街之战中获得了胜利，但当深入到老官屯一带时，却因气候恶劣、水土不服，染瘴病故者与日俱增。兼之老官屯缅军壁垒森严，攻克为难，作战死亡者也为数甚多，部队减员情况极为严重。截至当年十一月，出师不到四个月，部队已由出征时的三万一千名减至一万三千名，主要将领阿里衮病故，全军统帅傅恒也沾染时疫而卧床不起。在这样的情况下，广大将士的厌战情绪日益增长，“皆惮水土瘴疠，争愿罢兵”。战争实在无法进行下去了。恰在此时，缅甸方面又遣使乞和。傅恒即乘机遣使进行谈判。在对方答应称臣进贡、放回俘获人员、退还所侵边境土司土地之后，于十一月下旬撤兵回国，此次征缅战争遂以实际上的失败而告结束。

通计征缅四年，前后调拨军队七八万众，耗费帑银一千三百余万两，然而除了将数万名将士的骸骨留在缅甸之外，毫无所获。眼见自己六十寿诞即将来临，而战场之上送来的竟是这样的“礼物”，乾隆心中极为不快。恰在此时，地处四川西部的大金川、小金川两土司故态复萌，又向相邻土司发动了进攻。地不逾五百里、人不过三万众的蕞尔部落竟也敢藐视王命、独梗化外，岂能容忍？这样，缅甸战争结束不过一年，他又移师四川，进行了一场旷日持久的再征金川之役。

最初，乾隆指令川督阿尔泰、提督董天弼率领八旗、绿营和当地土练六千余人分西、南两路进攻金川，但阿尔泰本一迂腐官僚，不娴军旅，董天弼又麻痹轻敌，致使进攻不但未获胜利，反而遭到了一些挫折。为此，乾隆三十六年十一月，乾隆改以大学士温福、户部侍郎桂林经营四川战事。温福至四川后，为了组织军事进攻，先后奏请增兵增饷。为期一劳永逸，乾隆允其所请，陆续调拨各省军队开赴金川前线。至乾隆三十七年夏，在川作战之各省清军已不下六七万众。与此同时，户部和各省协拨之饷银也达一千万两之多。凭借雄厚的兵力、财力，从乾隆三十六年开始，清军出师三路，夹击小金川。在清军的进攻下，各土司失地先后收复，小金川本土的一些主要城寨也先后被攻克。但因清军指挥机构内部不团结和指挥失宜，乾隆三十七年三月，清军在南线进攻中遭到了重大损失，三千余名将士全被歼灭。为了扭转战场局势，乾隆将桂林革职拿问，改以阿桂主持南路进攻事宜，并继续增调陕甘、云南、两湖军队进川作战。经由阿桂悉力整顿，战场形势好转。当年十二月初，各路清军会师于小金川土司驻地美诺，而后又乘势直下其最后据点底木达和布朗郭宗，攻打小金川的战役取得了胜利。

小金川战役结束后，根据乾隆指示，清军兵分三路进攻大金川。因为山路崎岖，碉卡林立，仰攻为难，使得清军又陷入了二十多年前初征金川时的困境。将近半年的时间里，清军一直未能攻取敌人“紧要碉卡”，反而因大金川土司索诺木率师奇袭清军后方而几乎全军覆没。乾隆三十八年六月初，为了解除围困，在坚守碉卡的同时，索诺木率领部分精锐转入外线作战。他们以小金川降番为内应，首先攻袭清军后方基地布郎郭宗、底木达等地，全歼当地戍守清军。而后又乘胜回师，直捣位于大金川之下的温福所驻的木果木大本营。温福猝不及防，大营登时被攻破。温福以下许多将领被杀，所部军队三千余人或死于敌军锋镝，或为乱军践踏毙命，其余一万多人全部溃逃，除僧郭宗以南个别地区外，小金川全境失守。乾隆耗帑三千万，调军七万余，奋战两年，全部战果一概付之东流，清军遭到了金川战役开始以来最大的一次失败。

木果木失利后，乾隆又任命阿桂为定西将军，招集溃散兵卒，重新部署金川战事。与此同时，又再次下令调拨京城健锐、火器二营和黑龙江、吉林八旗兵丁，伊犁厄鲁特兵和各省绿营兵丁两万余人开赴前线。不长时间，金川前线清军总数又超过七万。从当年十月下旬开始，重新进攻小金川。由于指挥得当，五日而复小金川全境。而后，清军分南、西、北三路再次进攻大金川。有鉴该地自初次金川之役后，各种军事设施一直没有拆除并不断兴建，严密程度十倍于小金川的情况，阿桂采取了分兵合围、步步为营、稳扎稳打的作战方针，从三十八年底至三十九年年中，先后攻克敌人碉卡多座，并日渐逼近其主要巢穴勒乌围。经过长时期的战争消耗，大金川土司已颇感力量不支。乾隆三十九年八月，索诺木遣使乞和，被阿桂严词拒绝，战争继续进行。乾隆四十年初，大金川形势进一步恶化，“火药无多，粮食亦乏”。乘此机会，清军加紧进攻。四五月间，先后攻克距离勒乌围不过数里之遥的噶尔丹寺和逊克宗；八月，攻克勒乌围。索诺木率领余众退守最后据点噶喇依。当年年底，清军在扫清噶喇依附近各处碉卡后，三路军联合包围噶喇依。

在清军的强大攻势下，索诺木日暮途穷，众叛亲离，其母阿仓、姑阿青以及异母兄莎罗奔冈达克先后出营乞降。四十一年二月，索诺木本人也“跪捧印信，带同兄弟并伊妻及其大头人、喇嘛、大小头目两千余人”出寨乞降。八天之后，捷报传至东陵行在。为了庆贺胜利，乾隆先后谒东、西两陵，东巡泰山，告成岱宗，而后又于返京之际在京郊黄新庄为凯旋将士举行了盛大的犒劳大典。返京后，又献俘太庙，宴赏出征将士。至此，这场历时五年、调兵十余万、死亡将士上万人、耗帑七千万的战争才告结束。

乾隆五十年至六十年，乾隆在国内的统治日益衰落。恰在此时，清朝政府的对外关系也复杂化。其主要者，一是近邻安南内部发生了王朝更迭，二是与西南边疆相邻的廓尔喀先后两次对中国西藏地区发动了武装侵略。这样，在镇压国内人民反抗的同时，乾隆又先后进行了出兵安南和抗击廓尔喀入侵两次军事行动。

明初以来，统治安南的一直是后黎王朝。明朝中叶以后，由于后黎王朝日渐腐朽和权臣专权，后黎王朝式微不振。乾隆三十年至四十年，阮文岳、阮文惠、阮文吕兄弟三人以土豪崛起西山，占领安南南部，进行了推翻后黎王朝、统一安南的军事行动。乾隆五十一年到五十二年，阮文惠两度率军北上，攻克黎城，安南北部各主要城镇望风归降。安南国王黎维祁出奔在外，后黎王朝部分王族、遗臣流离播越，进入中国广西境内，吁请清朝政府出兵救援。这时，如何对待安南国内王朝更迭的问题，便摆到了乾隆的面前。

多年以来，安南一直是清政府的藩属。历来新君即位，需要由清政府遣使册封；平常年节，三年一贡、六年一遣使来朝成为定例。因此，这次安南国内王朝自相嬗代，使得乾隆感到自己的最高权力受到了侵犯。在得知这一事件后，他即表示“厚集兵力，声罪致讨”。于是，他不顾朝廷重臣阿桂的反对，从乾隆五十三年六月始，即命两广总督孙士毅调拨军队、粮饷，向边境地区集中，计划对安南大张挞伐，驱逐阮氏，重建后黎王朝。与此同时，他还指示边臣对逃入中国境内的黎氏旧臣各赐金帛，遣回国内，访求安南国王黎维祁下落，并组织义军配合清军进攻。这样，从乾隆五十三年冬至次年春，乾隆进行了一场出兵安南的战争，但这次战争最终以清军彻底失败而告结束，安南阮文惠乘势统一了安南全境。为了巩固自己的统治并防止清军再度进攻，乾隆五十四年初，先后四次遣使谢罪并将所俘清军六百余人送回内地。这时，眼见黎灭阮兴已成事实，乾隆只好册封阮文惠为安南国王，准其遣使入贡，开放双边贸易。乾隆五十五年，安南国王阮光平 (即阮文惠) 率领安南朝贡人员亲赴热河，祝贺乾隆八十寿辰。乾隆与其行抱见礼并大行赏赐，盛宴款待。从此，中越之间的关系又得到了恢复和发展。

在描述乾隆进行的内外战争中，小说、电视剧皆以福康安和所谓“红袍双将”——兆惠、海兰察为主要对象，大致符合史实，但是于情节安排却多有失误。其一，福康安并无于山东两度平定叛乱之事。其二，兆惠虽于初次金川之役督管粮运事务，但却并无遭受讷亲迫害之事。而后，乾隆二十年至三十年，虽于平定准部、回疆勋劳卓著，但乾隆二十五年即已返京，并于乾隆二十九年去世，至纪昀西谪乌鲁木齐之时早已入土数年，何能与纪昀一起宴饮？其三，海兰察于乾隆二十年时尚是索伦马甲，根本没有赶上初次金川之役，更谈不上遭到讷亲迫害。乾隆三十年至四十年，纪昀西出玉关之时，海兰察正在随师征讨缅甸，哪里能和纪昀及已死数年的兆惠相聚西域？还有一个济度，本是清朝开国诸王之一郑亲王济尔哈朗之子，早在顺治十七年（1660 年）已死，也被小说家从坟墓中挖到乾隆朝，先任奉天将军，抚恤曹雪芹遗孀芳卿；后又任天山将军，与兆惠、海兰察共事西域，一起照顾纪昀。想象力如此丰富，古往今来真真无出其右了。

阿桂

字广廷，章嘉氏，初隶满洲正蓝旗，后以平定回部功改隶满洲正白旗。乾隆后期担任首席军机大臣，对清朝中期政局的发展发挥过重要的作用。

阿桂步入仕途，最初是借助其父阿克敦的影响。乾隆三年阿桂中举之后，即以父荫得授大理寺丞、军机章京等职。在初次金川之役参赞军事，从而锻炼了行政、军事才干。乾隆二十年至三十年，西疆平定，阿桂出任伊犁将军。为了巩固边疆，恢复和发展当地经济，阿桂大兴屯田，成效显著。乾隆二十八年，乾隆特擢其为军机大臣。而后十数年中，又以云贵总督、副将军身份随同傅恒南征缅甸，以副将军身份随同大学士温福再征金川。乾隆三十八年，清军在木果木之役遭到失败，主帅温福阵亡，数万清军溃散。受乾隆之命，阿桂召集散亡，重新组织进攻。历经两年艰苦奋战，终获最后胜利，乾隆特晋其为一等诚谋英勇公，再入军机处。乾隆四十五年，又命其长期担任内阁首辅和首席军机大臣，成为乾隆后期首屈一指的朝中重臣。

由于阿桂功勋卓著，朝野威信极高且任劳任怨、忠贞不贰，乾隆四十年后，凡是乾隆自己感到棘手的难题，概交阿桂处理。十数年间，阿桂几乎常年东奔西跑，朝中政务则全由乾隆和和珅二人做主。朝政日非，积重难返，使得阿桂很难有所作为，只好洁身自好、与和珅保持距离。嘉庆元年正月元日，乾隆内禅。作为内阁首辅，阿桂从乾隆手中接过皇帝之宝授予嘉庆。嘉庆二年八月，阿桂因病去世，终年八十一岁。嘉庆下令追谥其为“文成”，入祀贤良祠。道光三年（1823 年），朝廷追念阿桂前劳，又下诏命其配享太庙，从而使其成为清朝政府承认的对于清朝政权的建立和发展作出过突出贡献的少数人物之一。

第十四章　矫情孝子

乾隆备办历届皇太后万寿庆典，耗银无度，极尽奢华，讨得了皇太后的欢心，乾隆也因此博得了孝顺的美名。然而，正所谓“朱门酒肉臭，路有冻死骨”，就在皇太后万寿庆典的鞭炮声中，不知有多少穷苦人家的老幼冻饿而死。

经过康雍两朝的多年积攒，乾隆前期，国库盈余逐年增加。至乾隆三十年，国库存银常年维持在七八千万两左右，国家财政状况空前良好。然而，对于多年积聚起来的这些民脂民膏，乾隆却视若粪土，除历次战争耗银上亿之外，其余全部用于维持其穷奢极欲的生活，达到了骇人听闻、无以复加的地步。仅以皇太后几次万寿庆典为例，看看乾隆是怎样挥霍国家巨额钱财的。

乾隆六年，乾隆生母崇庆皇太后刚满五十岁，乾隆即开始为其举行盛大的祝寿活动。是年十一月，崇庆皇太后寿诞，为了展示孝心，乾隆效法康熙皇帝六十寿辰庆祝成例，于皇太后自畅春园回宫路上，组织八旗官员、兵丁男妇、太监人等年在六十以上者自西安门至紫光阁各按旗分次序，男左女右，分列道旁，“瞻仰跪接”皇太后銮驾并对他们各加恩赏。一天下来，仅跪接官民赏赐一项，即开销白银十万八千七百五十两，缎布七万余匹。然而，和后来的皇太后万寿活动相比较，这些挥霍几乎不值一提。乾隆十六年，皇太后六十寿辰。这时，由于乾隆的统治已经巩固，庆典规模更为盛大。当年春天，还在南巡途中时，乾隆即指令各省督抚先期派人进京，“各按段落，预备经坛、戏台之类”。根据安排，自万寿山至西直门一带地方由内务府负责，西直门至西华门一带则由各省督抚及在京王公大臣“公同分段预备”。乾隆一声令下，臣下闻风而动。四月间，两淮盐政高恒、普福等率先行动，纠集工料，组织人员于布置地段进行准备。而后，各省也不甘落后，相继出动。其中一些地区和省份还花样翻新，如顺天府府尹蒋炳呈请合府绅士共建经坛，祝贺万寿。京畿如此，各省在籍官员也竞相效尤，普建经坛，以申庆祝。直隶、两广督抚还不顾天寒地冻，各从本省拉了一班老民老妇昼夜兼程，赶进北京，叩祝皇太后万寿。与此同时，为了把庆典办得隆重热闹，乾隆和中央各衙门也忙得个不亦乐乎。先是降谕于次年开恩科乡、会试，而后又敕谕礼部拟定恭上皇太后徽号及其一应仪节。内务府各机构也为备办赏赐银两、缎匹、筵宴桌张而忙得团团转。寿期在即，乾隆遣官告祭天地、太庙，亲奉皇太后至万寿寺行礼。十一月二十日，乾隆骑马前导，率领大队人马奉迎皇太后还宫。一到西直门，进入各省布置地段，便热闹异常，令人目不暇接。据当时目击者、著名文人赵翼记载，自西直门外的高梁桥到西华门十余里长的道路上，“张灯结彩，结撰楼阁”，“锦绣山河，金银宫阙，剪彩为花，铺锦为室，九华之灯，七宝之座，丹碧相映，不可名状。每数十步间一戏台，南腔北调，备四方之乐，侲童妙妓，歌扇舞衫，后部未歇，前部已迎，左顾方惊，右盼复眩。游者如入蓬莱仙岛，在琼楼玉宇中，听霓裳曲，观羽林舞也”。除此之外，不少省份还另有布置，如有的省份用色绢做成高山，有的省份用锡箔做成大海，还有的省份在台上矗立起一个几间房子大的祝寿蟠桃。尤为奇特的是，广东省在其布置地段用无数支孔雀尾建造了一个两三丈高的翡翠亭；湖北省则用玻璃砖建造了一个“重檐三层”的黄鹤楼；浙江省官员又别出心裁，竟用无数面镜子做成一个人造西湖并建广榭于其上，人入其中，化身千亿，极为壮观。皇太后所到之处，文武千官以至大臣命妇、京师士女簪缨冠帔，跪伏满途，恭祝万寿。进宫之后，连日筵宴，戏剧、烟火一场接着一场。一连十几天，整个北京城热闹非凡。对于这样的阔绰摆设，连皇太后本人也觉得“殊显繁费，甫入宫即命撤去”。然而此后的皇太后七旬、八旬万寿庆典，花费依然不减当年。乾隆二十六年的皇太后七旬庆典准备活动，除循例由各省布置地段之外，还专拨白银一百多万两将西直门至西华门一带街道铺面统一修葺，“俾令整齐可观”。紫禁城内外的寿安宫、万寿寺、正觉寺、弘仁寺、仁寿寺的整修，畅春园外面的水沟疏通和万寿寺西面的人造土山工程也全面进行。因为皇太后极为喜欢江南风景，乾隆又特命臣下在万寿寺旁仿效江南城市风貌建了一条长达数里的苏州街。寿期在即，又由在京八旗、顺天府和直隶分别组织耆老、老民、老妇各六十三人进京叩祝万寿。政府还从各地礼请喇嘛一千人进京念经。除日常饭食皆须供应外，又准备了大批银两、缎匹和八百多张饽饽席面以行赏赐。乾隆三十六年皇太后八旬万寿庆典，“京师巨典繁盛，均不减辛未”，并且在一些方面还更加铺张。即如喇嘛念经一项，便规定京城中的十八个寺院统一念经九日。同时，还组织了在京及各省在籍官员二千五百人设立经坛，“虔申诵祝”。除此之外，又拉上了三班九老宴游香山以行助兴。为了讨皇太后喜欢，乾隆有时还达到了非常荒唐的地步。圆明园福海以东有一个同乐园，是乾隆经常奉皇太后临幸之处。为了使皇太后开心抒怀，乾隆特于其中设立了一条买卖街，古玩、当铺、酒楼、茶肆饭馆，“外间所有者，无不有之”。其中店主人以太监充当，店小二、跑堂的，皆挑取外城各肆中声音响亮、口齿伶俐者担任。每至乾隆奉太后临幸之时，跑堂的要菜，店小二报账，掌柜的拨拉算珠，“众声杂沓，纷纷并起”。看到这种情形，皇太后慈颜大悦，乾隆也以自己有这样的“杰作”而分外得意。

乾隆备办历届皇太后万寿庆典，固然讨得了皇太后的欢心，乾隆也因此博得孝顺的美名，但是全国人民却跟着大倒其霉。就在皇太后万寿庆典的鞭炮声中，不知有多少穷苦人家的老人和儿女冻饿而死。乾隆四十二年正月，八十六岁的崇庆皇太后寿终正寝，全国人民长长地出了一口气，靡费特甚的皇太后万寿庆典总算一去不返。然而，他们未曾料到，乾隆本人的七旬、八旬万寿庆典又开始紧跟而上，并且在规模上还超过了历届皇太后万寿庆典，从而使国家大伤元气。

为了标榜自己“以孝治天下”，乾隆耗竭天下财富孝养崇庆皇太后已如上述。与之相关的是乾隆是否为崇庆皇太后所生问题。对此，学界壁垒森严，各不相让。持否定说的个别学者于史籍中索隐发微，咬文嚼字，以乾隆历次进皇太后徽号册文皆用“鞠育”而无“诞育”字样断定：乾隆幼时，“不过交‘格格’钮祜禄氏带领，连母子的名分，彼时亦未尝有”。持认同说的学者亦于史籍中咬文嚼字，发现雍正十三年九月乾隆登极后恭上皇太后尊号谕旨、同年十二月恭上皇太后尊号册文竟连用“诞毓朕躬”“诞育藐躬”字样，而且查阅中国古代最早字书《尔雅》，“鞠”字于养育、抚养之外亦有生育之义。这样看来，乾隆是否确为崇庆皇太后所生自可从容讨论，但是持否定说所使用的这些证据却是站不住脚的。另外，关于崇庆皇太后年岁，一些小说作者也向壁虚造。据史载，崇庆皇太后生于康熙三十一年，乾隆即位时不过四十四岁，而小说却称其已经五十七岁；乾隆二年时却越过越小，又不到五十岁，不但不合史实，而且还自相矛盾，违背情理。似此事例，小说中尚有有很多。如傅恒夫人棠儿，始称其姓瓜尔佳氏，后又称其姓那拉氏。福康安夫人，开始时名叫罗秀英，改名鹂儿，后来却又姓黄，名叫莺儿。再如南巡时奉太后观槐树生花，地点本是无锡，后来又成了仪征。凡此，皆是随意涂抹、写后忘前所致。一书中前后自相矛盾，是为大忌。

第十五章　文治辉煌

乾隆不但乐于“宣武”，而且非常“崇文”，其“文治”功绩首屈一指的自当是主持纂修《四库全书》。在长达二十年的《四库全书》纂修的整个过程中，乾隆花费了极大的心血，为此颁布的谕旨就达数百道。《四库全书》纂修成功，不但为保存和传播中国古代文化起了重要作用，而且还有力地推动了乾隆中期以后出现的整理古典文献的热潮。

乾隆三十年至四十年，乾隆常年用兵，自觉武功极盛。相形之下，其文治成就却还是一片沙漠，这使乾隆甚觉遗憾。因此，六十寿辰以后，他一直绞尽脑汁，苦思冥想，企图在文化事业上也有所建树，超迈汉唐。然而，因为连年用兵，对于发展学术文化，他还没有什么通盘考虑。恰好此时各地私人藏书楼如雨后春笋般涌现，什么天一阁、振绮堂、知不足斋、小玲珑山馆……不独名字响亮，而且在那些文人墨客的辞章画卷中，一个个还都被捧到了天上。这使乾隆十分眼热，觉得这些便是学问之极致，而且也为自己力所能及，因而也想扩大内府藏书，企图以此来博取“稽古右文”的美名。这样，乾隆三十七年正月初四，他颁布求书谕旨，要求各省督抚会同学政征求“逸在名山，未登柱史”的古来名家著作。由于多年以来文字狱不绝，在各级官吏心目中，学术著作几乎是“悖逆”著作的同义词，此时却突然冒出了这道谕旨，一时之间不知乾隆葫芦里卖的什么药，相率按兵不动，恭候下文。半年多以后，看到各地毫无动静，“稽古右文”大有泡汤的危险，乾隆再颁谕旨，对求书不力的官员严加斥责，并要求他们将求书放在首要地位。直到这时各省督抚才纷纷行动，一场大规模地征求遗书活动才在全国普遍开展起来。

求书谕旨虽然已下，但是，对于怎样征求遗书，如何处理所求遗书，乾隆心中却仍是一笔糊涂账。就在这时，出身翰林的安徽学政朱筠向乾隆提出了开馆校书的建议。朱筠的建议包括四项内容：第一，征求遗书当以汉、唐以来尤其是辽、宋、金、元四朝的文献价值较高而又传世甚稀的旧本、抄本为重点。第二，由清朝政府组织人力对内府藏书进行一次普查，并将其目录“宣示外廷”，以使各地献内府所无者。在这条建议中，他还特别提出，内府收藏的《永乐大典》是明初以前各种著述之渊薮，其中多存“世不恒觏”之书，应由政府组织人员“择其中古书完者若干部，分别缮写，各自成书”。第三，充分吸收汉、隋、唐、宋以来历次整理文献的经验，不仅征求遗书，同时设立专门机构对所收书籍“或依《七略》，或准四部”，分门别类地“校其得失，撮举大旨，叙于本书卷首”。第四，在征求遗书时，应将采访范围进一步扩大，凡是具有文献价值的钟铭碑刻、金石图谱，当都在搜求范围之内。由上可见，朱筠建议的总精神是要求政府对全部现存文献进行一次继汉、隋、唐、宋之后的总清理。因为这一建议和乾隆好大喜功的心理正相符合，乾隆对其异常重视。他立即派员校核《永乐大典》中所存佚书的情况，在经过调查了解到这一建议确实可行之后，立即组成以军机大臣为总裁官、有许多翰林参加的专门机构，进行辑佚活动。与此同时，受朱筠建议启发，乾隆茅塞顿开，改变单纯追求扩大内府藏书的初衷，决计在对全部现存文献进行一次总的清理的基础上，将之编为一部囊括古往今来一切主要著述的巨型丛书——《四库全书》。根据他的指示，乾隆三十八年二月，四库全书馆于翰林院正式成立。至此，征求遗书活动发展成为一场大规模的整理古典文献的活动。

编修《四库全书》，征求遗书是其前提。为了编好《四库全书》，他多次严令各地督抚将求书放在重要地位。与此同时，针对经办官吏和各地藏书家惧怕因献书而获咎的心理，他除从求书大局出发，在求书高潮的乾隆三十八年、三十九年基本上未搞文字狱外，还连颁谕旨，反复解释："朕办事光明正大，可以共信于天下，岂有下诏访求遗籍，顾于书中寻摘瑕疵罪及藏书之人乎？""书中即有忌讳字面……与藏书之人并无关涉，又何所用其畏疑乎。"针对藏书家担心政府言而无信、书出不还的问题，他一面向藏书家再次保证，"所有各家进到遗书，俟校办完竣日，仍行给还原献之家"；一面又作出规定：各地遗书到馆之日，即于所进书籍面页加盖清政府和翰林院图章，注明进书年月、进书官员、书属何家，另造一册逐一登记上述条款。待发还之日，按照图书登记册上内容和所进图书面页所载各项逐一核对，"如有交发不明，唯该督抚是问"。经过这么一套复杂而完整的手续，使藏书家"仍得全其故物"。除此之外，为了促使经办官员用心求书和藏书之家踊跃献书，他还分别规定了精神、物质奖励办法。一是皇帝题词。凡是进书百种以上者，"择其中精醇之本进呈乙览"，由他亲予题词，"俾收藏之家，益增荣幸"。二是赏赐图书。其中，进献书籍五百种以上的浙江鲍士恭、范懋柱、汪启淑和两淮之马裕四家，各赏《古今图书集成》一部。其他进书百种以上的士民官吏，各赏初印之《佩文韵府》一部。三是《总目》留名。凡是进书较多的藏书家和求书得力的官员，“将其姓名附载于各书提要末”。这样，在乾隆的鼓励下，乾隆三十八年以后，民间献书进入了高潮。截至乾隆三十九年八月，各省进到图书已在万种以上，而且此后还不断增加。如果再加上政府原有之书和从《永乐大典》中新辑之书，此时清政府拥有的图书已经达到了中国封建社会的最大值。乾隆发起的这次征求遗书活动，获得了巨大的成功。

在大批遗书集中北京之时，纂修《四库全书》的活动也进入了高潮。根据乾隆指示，遗书到馆之日，即由各纂修官根据原先分工对每一种书籍的不同版本进行校勘，并就其作者、成书时代、内容异同、版本优劣进行考证，将其考证成果以另纸粘于该书每卷之末。同时，还仿汉朝刘向、刘歆父子校书旧例，为每书撰写提要一篇，于中叙作者之时代爵里、本人事迹以及书之内容得失，再根据该书价值预拟出应刻、应抄、应存目三种意见，一并交总纂官审定修改。此后再由总裁官奏闻，经乾隆批准后，除其中判为应存目之书只以其提要录入《四库全书总目》外，应刊、应抄两种书籍皆交缮书处组织人员按既定规格进行抄录，录入《四库全书》。其中应刊书籍则因价值较高、世间罕传，除缮写外，还由武英殿修书处以“武英殿聚珍板丛书”为名，刊印行世，以广流传。

四库全书馆开馆之初，所修书籍不过是《四库全书》和《四库全书总目》两种，然而，随着《四库全书》纂修活动的全面铺开，乾隆的修书计划也愈益庞大。其一是增纂《四库全书荟要》。乾隆三十八年五月，乾隆因《四库全书》卷帙浩瀚，一时难期速成，而且即使修成也因部头太大而不易翻阅，因此命馆臣于《四库全书》中“撷其精华，缮为《荟要》”，以便两书互相补充，并行于世。其二是另编《四库全书简明目录》。乾隆三十九年七月，他发现各书提要编写就绪者已在万种以上，将来抄刻成书，必定卷帙浩繁，不易翻阅，于是又命馆臣于《四库全书总目》之外另编《简明目录》。“篇目不繁而检查较易，俾学者由书目而寻提要，由提要而得全书，嘉与海内之士，考镜源流，用昭我朝文治之盛。”其三是另编《四库全书考证》。在《四库全书》纂修过程中，纂修官员曾对收入《四库全书》的各书作者、流传情况及版本异同等作过一些考证，并皆以附录形式抄入《四库全书》所收各书每卷之后，但《四库全书》仅抄数部，流传不广，海内承学之士无从窥见其研究成果。为了嘉惠士林，乾隆四十一年九月，乾隆又命将这一部分文字单独抄出,“与《总目提要》一体付聚珍板排列流传”，该书遂以“四库全书考证”为名行世。除上述三书之外，为了显示自己在位期间的文化发展盛况，乾隆还指示馆臣，就当时内政、外交、民族、风俗、礼仪、历史、地理、学术等方面列出项目，组织纂写，克期完成，收入《四库全书》。计其数量，也有数十种之多。

此外，《四库全书》抄写份数也成倍增长。始修《四库全书》时，乾隆思想尚未脱离扩大政府藏书之窠臼，因而只是谕令将《四库全书》抄录四份，分别庋藏于紫禁城、圆明园、热河避暑山庄和盛京故宫。随着《四库全书》纂修活动的全面开展，其社会影响也日益扩大。乾隆四十二年八月，乾隆决定于四份《四库全书》外另缮一部副本贮于翰林院；乾隆四十七年七月，在北四阁四份《四库全书》陆续告竣之时，乾隆以为江浙为“人文渊薮”，为了方便当地士子“就近观摩誊录”，又命再行缮写三份《四库全书》分贮于扬州、镇江和杭州三地。如果连同两份《四库全书荟要》也需要人力抄写，则其抄写字数较之以前增加了一倍还多。与此同时，为了贮放即将修成的《四库全书》，从乾隆三十九年到四十九年，乾隆还指示臣下依照宁波天一阁式样分别建造了南北七阁。所有这些，不但使所修各书珠联璧合、成龙配套，而且因其服务范围超出宫廷而扩大到一般士子文人，也使《四库全书》纂修活动的影响范围显著扩大，使其成为西汉以来政府组织的历次整理文献中最有意义的一次。

由于《四库全书》卷帙浩繁，且须缮录八份，如果再加上两份《四库全书荟要》，则其总字数约为八十多亿，故而《四库全书》的缮录和校勘便成了该书编修后期最艰巨的工作。为了保证《四库全书》的缮写质量和进度,四库全书馆于缮书处专设总校官四人、分校官一百八十二人。也就是说，全馆半数以上的官员都直接参加了该书缮录过程中的校勘工作。与此同时，在抄写北四阁《四库全书》时，还专拨内帑一百万两添雇书手千人。此外，还规定了三个月一考核的《功过处分条例》以进行督促、检查。经过全馆人员的努力，乾隆四十三年，两份《四库全书荟要》首先告成，当即入贮紫禁城内的摛藻堂和京西圆明园的味腴书室。乾隆四十六年底，第一份《四库全书》告成，随即入贮文渊阁；至乾隆四十九年底，北四阁其他三份《四库全书》也陆续抄写完毕；至乾隆五十二年，翰林院副本和南三阁四份《四库全书》也最后抄成。从乾隆三十八年二月四库全书馆开馆，至乾隆五十二年八份《四库全书》、两份《四库全书荟要》最后完成，其间经历了十五个年头。据统计，收入《四库全书》之书籍 3461 种，79309 卷；分装为 36300 册，6752 函。收入《四库全书荟要》之书籍为 473 种，19930 卷，分装为 12251册，2001 函。也就是说，十五年的时间里，国家藏书增加了近七十万卷。这实在是中国古典文献整理史上的空前壮举！

在乾隆的关心下，由人力抄成的《四库全书》不但卷帙浩瀚、内容宏博，而且在纸张、书写和装帧的方式上也极其讲究，尽善尽美。以所用纸张而言，八份《四库全书》皆分别使用了上等的开化榜纸和太史连纸。以书写格式而言，全都是在预先打好直行红格的朱丝栏内端笔正楷书写，每半页 8 行，行 21 字，有注文的地方则于竖格内写双行小字，有些书内还绘有精美的插图。以装帧而言，八份《四库全书》，近三十万册，全都是绢面包背装。其中，经、史、子、集四部书籍的绢面，颜色还各不相同。每若干册贮藏在一个楸木匣内，名为“一函”。函面刻有函内所装之书名。函内之书用香楠木上下夹住，再用绸带系紧。函面之字、函内系书之绸带和书的绢面颜色完全相同。用这种方法保存书籍，不但防霉、防虫，而且形式上也极其整齐美观，有着极高的艺术价值。同时，对于各书在阁内的陈列位置，也都有具体规定并专绘《四库全书排架图》，以供学者入阁查书。

在整个《四库全书》纂修活动中，乾隆花费了极大的心血。从征求天下遗书、搜辑《永乐大典》中的佚书到拣选负责官员，及

《四库全书》收录书目、版本，以至编排体例、抄写格式和建阁贮书，十几年里，无论是盛夏还是严冬，无论是战争环境还是和平环境，无论是留京还是巡幸途中，乾隆都时时不忘、频频顾及，先后就此颁布了数百道谕旨。在他的亲自组织下，此次纂修《四库全书》的活动成果辉煌，意义重大，影响深远。首先，为保存和传播中国古代文化起了重要的积极作用。由于该书的纂修是结合从《永乐大典》中辑佚书和大规模地征求民间遗书两项活动同时进行的，这就使《四库全书》在收书范围和质量上都远在此前同类书籍之上。各地藏书家累世珍藏的宋刻、元抄善本书和失传几百年而文献价值极高的珍本秘籍都因此而化私为公，变零为整。而且，《四库全书》在纂修中进行了分门别类的系统整理和反复的校勘、考证，修成之后又分八处存放于东北、华北和江浙三地，不但在当时为保存和传播传统文化作出了重要的贡献，而且也为后世学者研究古代政治、经济、文化、军事、民族、外交等提供了可贵的资料。其次，《四库全书》的纂修活动也有力地推动了乾隆中期以后出现的整理古典文献的热潮。其中，从《永乐大典》中辑佚书的活动，《四库全书总目》和《四库全书考证》的编修和刊刻都对此后学术界中目录、版本、校勘、辨伪、辑佚、考据等学科有极大的影响。以整理文献为目的而编刊丛书者更不胜枚举。总之，纂修《四库全书》是我国古代文化发展史上的空前壮举，对于清朝中期文化繁荣局面的形成起了有力的推动作用。

乾隆主持纂修《四库全书》虽然对中国古代文化事业的发展作出了重要贡献，但是该书纂修过程中也存在不少不容忽视的弊端。

其最严重者乃是借修书为名，查禁并销毁了大量具有民族、民主思想而价值极高的图书，使中国古代文化遭到了自秦始皇焚书以来的又一次浩劫。一些图书即使侥幸未被销毁，也因为不符合乾隆规定的“为天地立心，为生民立道，为往圣继绝学，为万世开太平”的封建道德标准而被判入存目类，有的甚至连存目类也不予登录。此外，对于所收之书也因忌讳多端而对之进行多方抽毁和篡改，使得许多珍贵古籍尤其是明清之际的各种古籍或遭肢解，或者严重失真。再者，由于该书系官修之书，最高统治者的目的是借此粉饰太平，相当一部分纂修、校订官员又将此作为仕宦之捷径，对所修之书采取了敷衍塞责、极不负责的态度，从而使该书的学术质量也受到了严重的影响。即如该书之抄写工作，本是《四库全书》成书中的重要环节，无论抄写人员还是校对人员都应认真对待，但是由于馆中人员欺上瞒下，不负责任，竟使该书在缮录过程中有整篇、整卷甚至整部都漏抄者。如乾隆五十四年到五十五年，陆锡熊到盛京文溯阁校书，就查出漏写书两部、错写书三部、因错漏太多需要重新抄写者三部，匣面错刻或漏刻书名者五十七部。乾隆五十七年，纪昀重校承德文津阁书，仅经部书籍就查出空白和错误一千多处。乾隆五十九年，又查出文源阁书内《盐铁论》漏写卷末《杂论》一篇。其他南三阁《四库全书》中类似问题也较多，无法悉举。所有这些，都使《四库全书》的学术质量大受影响。尽管如此，这场修书活动毕竟对中国古典文献进行了一番全面的清理和总结，因而，作为乾隆在位期间的一项重要活动，基本上还是应予肯定的。

关于纂修《四库全书》，一些小说、电视剧虽有涉及，但却因随意涂抹，以致违背史实、不合情理。其主要者，一是《四库全书》纂修始于乾隆三十八年，而小说、电视剧皆将之上移，似乎初次金川之役时即已着手，整整提前了二十五年。二是对于纂修《四库全书》主持官员及与修学者，除纪昀之外一概茫然，因而于中插上了傅恒、沈德潜、洪亮吉等。其实，始修《四库全书》之日，傅恒已死去三年，沈德潜已死去四年，而《四库全书》修成之后九年，即乾隆五十五年，洪亮吉方才榜眼及第。三是关于纪昀生年，小说取史籍记载雍正二年之说，但却将其中进士时间由乾隆十九年改为乾隆元年。不知小说作者有何能耐，竟使纪昀于十二岁时即已连闯考试秀才、举人、进士三道难关，而后又平步青云、入直军机处。

纪昀

字晓岚，直隶献县人，乾隆十九年进士，学识渊博，曾对乾嘉之际文化事业的繁荣作出过重要的贡献。

乾隆三十八年，乾隆下令编修《四库全书》，并命将各书提要汇为一编，另成《四库全书总目》一书。因为纪昀淹通古今、博览载籍，特命他任总纂官，主持其事。经过他和馆臣共同努力，乾隆四十六年，两书分别告成，从而不但推动了当时文化事业的发展，也为古典文献的保存和流传作出了重大贡献。

据时人笔记记载，纪昀文思敏捷，为人诙谐幽默，喜食肉抽烟。今世小说、电视剧多以此为据，构创情节，可谓大致不失其真。但是需要指出的是，终乾隆一朝，除与修《四库全书》之外，对于当时政局发展，纪昀并未发挥什么作用。其一是乾隆十九年，纪昀始考中进士，而不是像小说中称其为乾隆元年进士。其二是乾隆四十年以前，纪昀仕途颇为蹇滞，始终在侍读学士、学政等中级职务上晃来晃去，而不是像小说中那样先任军机章京、后任军机大臣。而且，乾隆三十三年两淮盐引案发生后，他还因向其亲家、大贪官、两淮盐运使卢见曾透露抄家消息而受到乾隆惩罚，充军乌鲁木齐。数年之后，虽被赦还，其职务还和十几年前一样是翰林院编修。其三是《四库全书》告成后，乾隆虽将其擢任左都御史、礼部尚书、兵部尚书等职，但是迄至乾隆去世，纪昀也未曾入阁办事，更没有进入军机处参与中枢决策。直到嘉庆十年纪昀去世之前，嘉庆才赏了他一个协办大学士。流行小说、电视剧皆以其为乾隆重臣，核之史实，实在是有些过于离谱了。

第十六章　王伦起事

白莲教是混合有佛教、明教、弥勒教等内容的秘密宗教组织，起源于宋代，教派名称因时因地而有所不同。元、明、清三代常为农民利用，作为组织起义的工具。清水教王伦起义即是其中较著名的一次，这从乾隆曾把镇压王伦起义归入其八大武功之一亦可见一斑。

就在乾隆陶醉于自己的“文治武功”之中的时候，平地一声雷，山东发生了清水教王伦起事。这一事件打破了多年以来人民反抗斗争颇为沉寂的局面，两三个月的时间里搞得乾隆寝食不安。

清水教是白莲教之一支。清初以来，该教即一直在山东一带秘密流传，因其教义中有“饮水一瓯，可四十九日不食”，俗称“清水教”。乾隆时期，由于广大人民处境愈益恶化，在王伦担任教首期间，该教传播更为广泛。王伦是山东阳谷县党家庄人氏，通文墨，有拳勇，精医术，青年时期还当过一段县衙役。眼见政治极端黑暗，乾隆十六年他秘密加入清水教，并以行医为掩护往来山东各县，在广大贫苦群众中进行传教活动。由于他的医术精湛，医德高尚，为人治病不要钱，广大人民“均感其惠，愿为义儿、义女以报德”，甚至不少县役营兵也“纷纷归教”，不过十来年信徒遍及山东各县。乾隆三十八九年，山东连年遭灾，而地方官却置民生疾苦于不问，“妄行额外加派”，人民反抗情绪日益增长。利用广大人民的不满情绪，乾隆三十九年春王伦开始了起事的准备活动。在将各地教徒数千人集中于东昌、兖州一带的同时，他分别任命清水教骨干范伟、孟灿、王经隆、乌三娘、杨累等为国师、元帅、将军、总兵等，对起义部众进行军事训练。正在各种准备积极开展之际，当年八月中旬，寿张县令沈齐义侦知此事。为了先发制人，八月二十七日深夜，在城内教徒的策应下，王伦提前发动起义，一举攻克寿张县城，杀死县令沈齐义和游击赶福并“劫库放囚、焚烧军器”。与此同时，堂邑县张四姑庄的清水教徒也在王伦义子王经隆的领导下起事，南下寿张，与王伦所率起事队伍汇合。得知起义爆发消息，山东巡抚徐绩、布政使国泰十分惊慌，急调各地驻军从东昌、东阿一带两路出师，进攻寿张。为了甩脱清军，王伦于九月初二率师北上，连下阳谷、堂邑并渡过运河，一举攻克山东省重镇临清旧城。眼见起义军所向无敌，连克重镇，徐绩改变计划，又急调德州、高唐、兖州、东昌等地清军四面合围，企图将起义军一举歼灭。面对清军的四面围剿，起义军无私无畏，英勇作战。九月中旬，在临清郊外柳林一带大败清军，并向临清新城驻守清军发动了猛烈的进攻。在进攻中，他们除轮番挖掘地道、放火焚烧城门和敌楼外，还利用缴获的清军大炮轰击城内，“飞弹入城，声如饿鸱”，使得守城清军慌作一团。为了对付起义军进攻，他们竟然于城头之上“裸妇女，血鸡犬厌之”。在王伦起义军的打击下，清朝政府在山东的统治面临着崩溃的危险。

临清处于直、鲁、豫三省交界之地，绾毂南北漕运。临清的攻克给予清王朝以沉重的打击。一时之间，南北漕运堵塞，所有漕船无法往返。得知这一消息，遥在热河的乾隆异常焦急，如坐针毡。他一方面急令大学士舒赫德佩钦差大臣印信驰驿南下，调集天津、沧州、德州等地驻防八旗进剿起义军。与此同时，又令额驸拉旺多尔济、左都御史阿思哈从京挑选健锐、火器二营精锐千名迅速南下。为了防止起义军北上直隶，西攻河南，南下两江，他还分别下令三省督抚各自派兵严密防守与山东毗连地方并派兵出境助战。在乾隆加紧对起义军进行围剿的时候，临清新城却因登州、青州等地清军前来救援而久攻不克。面对这种形势，王伦不是寻找敌军薄弱环节转战他地，而仍长期屯兵坚城之下，军事上渐趋被动。同时，王伦在生活上也迅速腐化。攻克临清旧城之后，除连续的狂欢和宴会以外没有其他活动。两个剧团不停的演戏，王伦进出剧院，仅仅是为了在人们面前炫耀自己。他以很不适宜的威仪通过街道，在这仅有的小片领土上摆着皇帝的架子。这样，九月下旬，在舒赫德率领清军到达临清时，起义军所处环境便急剧恶化。面对武器精良、数量众多的清朝正规军队，起义军虽然进行了顽强的战斗，但终因寡不敌众，临清旧城失陷，不少起义军首领被捕。主要领袖王伦自焚身死，起事最后失败。

根据乾隆指示，王伦起事失败后，清军对起事人员及其家属进行了疯狂的屠杀。据史载，官军攻入临清之际，两千多名起义军战士惨遭杀害，"旧城街巷，贼尸填塞道路"。然而乾隆仍嫌不足，在他的严令下，官军又对和起义军一起居住过的临清居民大开杀戒。同时，他又命令当地官员督众捣毁王伦历代祖坟。其他起义领导人如范伟、王经隆以下十几人也被押解至京，经过严刑审讯之后凌迟处死；所有起义人员的家属、亲戚也都受到株连，或者惨遭杀害，或者发遣边远，全部家产概行没收。在广大起义人民的血泊之中，乾隆又恢复了他的封建统治秩序。

清水教王伦起事虽被镇压下去，但是相当长的一段时间内，乾隆一直余悸未消。地方上稍有风吹草动，乾隆便以为是人民革命风暴重新降临而极度紧张。当年十月，在各路清军陆续撤离山东之际，莘县监生周曰璜至官府首告其子周振东与朝城、阳谷、冠县等处人士“结党谋反”。得知这一消息，乾隆急令撤离部队仍速“驰驿赴东”。后来经过地方官查拿人犯，严加审讯，方才弄清：原来周曰璜是一个赌徒，因想把家中仅有的一点米谷粜卖归还赌债，遭到母亲和儿子的一致反对，方才诬告其子谋反。乾隆虚惊一场。

对于乾隆间白莲教首领，为了吸引人，一些小说、电视剧舍弃王伦而选择了名称甚为响亮的一枝花，并使其化名易瑛，穿上道装，飞檐走壁，多次与官军交手，最后于南京城外观枫楼被官军烧死。据记载，一枝花确有其人，姓蔡，乾隆初年时约四十岁，面目姣好，“犹如处女”，绰号“一枝花”，活动于豫西伊阳伏牛山一带，与当地另外一个白莲教首领梁朝凤结拜为干姊妹，使得当地白莲教热火朝天。一枝花亦因此而在当地教徒中声望极高，“众人尊奉，呼为女总领”。民间谚谣称：“一枝花，十七八，能敌千军万马。”乾隆四年夏，官府出动差役下乡拘捕。这时，梁朝凤等聚集教徒宰猪祭天，公开举事。因为寡不敌众，梁朝凤被捕，一枝花潜逃附近山中，起事失败。为了斩草除根，河南巡抚雅尔图又命陕州知州刘谦“于属员内遴选谨慎干练之人，令其设计诱拿，务期先将首犯一枝花擒获，庶不致渠魁漏网”。根据这一指示，当年十二月二十三日，刘谦将一枝花拿获。其最后结局虽然史无明文，估计是已被处斩。作为乾隆间第一次白莲教起事的首领，一枝花自有其历史地位，值得史家记载，也可于小说中作为正面人物出场，但是称其曾与乾隆数次相遇于山东、扬州、南京，而且还在一起晤谈，则是小说家编造之词，不可相信。又，齐二寡妇是湖北白莲教首领，本名王聪儿，嘉庆初年起事，嘉庆三年战败牺牲，而小说却将其移于乾隆初年，整整相差半个世纪。

第十七章　和珅弄权

和珅这个名不见经传的小人物，一时之间竟然成了政治舞台上的一颗新星，一人之下，万人之上，俨然是个“二皇帝”。然而乾隆为何对和珅如此宠信，和珅又有什么法术使得向以专制而著称的乾隆对他如此垂青，两百年来几乎成了人们心目中的难解之谜。

乾隆大权独揽，将臣权压抑到有史以来的最低点，但令人奇怪的是，一个无名之辈——和珅的政治地位却超逾常格地直线上升。据史载，乾隆三十四年时，和珅还不过是内务府銮仪卫一个小小拜唐阿，不过六年光景，乾隆四十年时即被乾隆提拔至军机大臣、镶黄旗满洲副都统、国史馆副总裁的显职，并奉特旨，全族被抬入正黄旗，而且还获得准在紫禁城乘马的殊荣。后来，和珅更是官运亨通，职务越兼越多，权力越来越大。乾隆四十二年至四十四年，他先后兼步兵统领、崇文门税务监督、御前大臣；四十五年，授户部尚书、议政大臣、正白旗领侍卫内大臣、四库全书馆正总裁；四十七年，加太子太保、充经筵讲官；四十八年，又赏戴双眼花翎，任国史馆正总裁兼文渊阁提举事、理藩院尚书；四十九年，又相继兼任镶蓝、正白两旗满洲都统及清字经馆总裁、吏部尚书、协办大学士等。一时之间，这个名不见经传的小人物竟然成了政治舞台上的一颗新星。乾隆为何对和珅如此宠任，和珅又有何法术使得向以专制而著称的乾隆对他如此垂青，两百年来几乎成了人们心目中的难解之谜。

根据清朝后期的一些野史笔记所载，雍正在位期间甚为宠爱一个妃子。一日，这个妃子正在内宫对镜梳妆打扮之时，时为皇子的弘历从外面跑了进来。为了和她开个玩笑，弘历便从其身后用双手捂住她的双眼。这个妃子不知身后是谁，惊恐之中，用梳子向身后猛地一击，将弘历脸上打伤一块。事后，雍正夫妇看到弘历脸上带有伤痕，加以盘诘，弘历不能隐瞒，将事情原委全部道出。雍正夫妇因疑此妃与弘历关系暧昧，盛怒之下，下令将此妃处死。弘历得知此事时，此妃已是香消玉殒。他悔恨交加，大哭一场，并以指染朱砂印在这个死去的妃子颈上以为纪念。四十多年后的一天，乾隆临时决定起驾外出，而各种仪仗却因事前未行通知而使准备工作十分忙乱。无奈中，乾隆顺口念了一句“是谁之过”，这时一个执事人竟答了一句“典守者不得辞其责”，不但用典有据，而且怡顺自然。一个地位低贱的舆台之流竟有如此学力，乾隆不由地以赞许的目光朝那人望了一眼。谁知，不看则已，一看则四十年前的往事一齐涌上心头。此人不但容貌姣好，一如死去的那个妃子，而且脖子上的那个朱印也依稀可辨。讯问之下，方知此人是满洲正红旗人，姓钮祜禄氏，名和珅，年方二十。从此，他对这个和珅倍加怜爱，信任有加，恩眷不减。长期以来，该说甚为流行。然而，由于此说以轮回转世之说解释历史，稍具科学常识者即可立判其非。

我们知道，自从即位以来，数十年间，乾隆一直是以加强皇权为首要任务。其中，中央各机构尤其是军机处地处中枢，是乾隆整顿的重点。为此，即位之初，他先是通过重建军机处取代总理事务处以将主要权力集中于己手，而后对于军机大臣也一换再换，陆续将亲信或姻亲讷亲、傅恒等拉入军机处。然而，由于军机处上对皇帝负责，综理全国军政财文各种事务，事烦任重，在拣选军机大臣时，乾隆仍然不得不将仕宦较久、历练政事、功勋较著、威望颇高的朝臣选入军机处。讷亲、傅恒之外，鄂尔泰、尹继善、刘统勋、于敏中、阿桂等相继被膺选，原因即在此。这些对于军国大政的正常处理固然有其积极作用，然而，使乾隆担心的是，这些军机大臣一般都联络广泛、深孚众望，极易尾大不掉，构成对皇权的威胁。乾隆三十九年七月，发生了首席军机大臣于敏中交结太监高云从的案件，更使他的这种顾虑得到了证实。为了处理国务，固然不能舍弃贤才，但是，进一步加强对政权中枢的控制也是势所必须。此时，乾隆却已年近古稀，精力时或不济，所以，通过代理人以对包括军机处在内的政权中枢进行控制便成了唯一可行的“好”办法。为了加强代理人对自己的依附，在乾隆看来，这种代理人既不需要有什么资历功勋，也不必讲什么家族门第，倒是越不具备这些条件越好。但是，他必须是一个头脑清醒、办事伶俐而又效忠自己的高级奴才。换言之，只要随时将军机大臣在内的各级官吏的言行举止报告自己，起到一种耳目作用，即算称职。正是乾隆的这一政治需要，使并无寸功却巧言令色、善窥人主意旨的和珅登上了政治舞台，并且成了一个权倾朝野的大人物。

和珅秉性狡黠，对于乾隆的意图心领神会，登用伊始即秉承乾隆旨意，先后以中央政府中的高级官员为对象屡兴大狱。其中，影响较大的是李侍尧和于敏中两起大案。李是清初功臣李永芳之后，乾隆三十年至四十年，曾以总督衔兼任大学士、军机大臣。凭借手中权力，他大肆贪污索贿，数字盈千上万。乾隆风闻此事后，将他调离军机处，专任云贵总督。利用这一机会，和珅将李侍尧罪行悉数揭发并使乾隆给他以绞监候的严厉处分。李侍尧之后，原任首席军机大臣于敏中又成了和珅打击的对象。于在担任首席军机大臣期间，曾因交结宦官而受到乾隆的严厉申饬，宠眷大减。于敏中死后，和珅迎合乾隆心理，遂以于敏中之侄于时和非法侵吞于敏中全部家产为借口，再兴大狱。结果，于敏中家财两百余万全部被没收，于时和被放逐伊犁，于敏中之妾张氏被削夺夫人诰命。受此影响，于敏中本人及其亲信党羽也信誉扫地。后来，随着和珅权势的不断增长，凡在军机处、内阁任职的所有高级官员如阿桂、福隆安、福康安、王杰、董诰、刘墉等，几乎都成了和珅攻击的对象。为了免遭倾轧、陷害，阿桂虽然德高望重，对其也是“刻刻防之”，王杰、董诰等人则更是“循循如属吏”，和珅则因此几乎成了仅次于乾隆的“二皇帝”。正是有了和珅这条走狗，乾隆对于中央高级官吏的控制空前加强，因而在乾隆年至七十、精力颇觉不济之时，国家“政令事为”反而“间多苛严”，朝廷上下一片紧张气氛。

进入乾隆五十年后，随着乾隆老境的来临，他对和珅的依赖进一步增强。此时，为了从乾隆手中窃取更多的权力，和珅也对乾隆极尽阿谀奉承之能事。针对乾隆年事已高、喜谀恶谏、贪财好货、爱摆阔气的性格，和珅一方面利用手中掌握的户部尚书、崇文门税务监督等项权力朘剥商民，将其勒索所得解送内库以供乾隆恣意挥霍，任情靡费；一方面又亲自主持备办乾隆皇帝七旬、八旬两届万寿庆典和千叟宴事宜，极为隆重盛大，使得乾隆大为开心。对于乾隆的生活起居，和珅虽为军机大臣，但却仍像当年担任近身侍从时一样，亲予其役。“皇帝若有咳唾之时，和珅以溺器进之”；“言不称臣，必曰奴才，随旨使令，殆同皂隶”。这样，无论在政治上还是在生活上，和珅都成了乾隆须臾不可离的人物，对其愈加宠眷。早在乾隆四十五年时，他即将自己最为宠爱的幼女固伦和孝公主指配给和珅的儿子丰绅殷德。后来，又专派内侍轮流到其家执役。五十一年闰七月，以其补授大学士，管理户部；五十三年，晋封其为三等忠襄伯，赐紫缰；五十五年，又赐黄带，四开禊袍。一时间，和珅权力极度膨胀。为了巩固地位、发展势力，和珅一方面利用自己的特殊身份与皇室联姻，将自己的女儿嫁给了康熙的曾孙贝勒永鋆，将自己的侄女嫁给了乾隆的孙子质郡王绵庆；另一方面，先后采取各种手段，将相当一批亲信党羽安插在中央和地方上的各个重要岗位上。如他的弟弟和琳即由吏科给事中超擢内阁学士、兵部侍郎、正蓝旗汉军副都统、镶白旗汉军都统、四川总督等显职，嘉庆元年死后还晋赠一等公，配享太庙；他的姻亲苏凌阿，多年来官职一直极低，而且以贪婪昏聩而臭名昭著，此时也跟着和珅大沾其光，先后历任兵、工、户三部侍郎和户部尚书、两江总督、东阁大学士等要职，甚至和珅早年的师傅吴省兰、李光云、李潢等也分别当上了副都御史、侍郎等，可谓群小满朝，“内而公卿，外而藩阃，多出其门”，“纳贿谄附者多得清要，中立不倚者，如非抵罪，亦必潦倒”。在和珅当权期间，他的住宅几乎成了一个卖官鬻爵的交易所，身着补服前往致贿的官员络绎不绝，因而附近居民将其居地戏称为“补子胡同”，并作诗以记官员前来谒拜之情形。诗云：“绣衣成巷接公衙，曲曲弯弯路不差。莫道此间街道窄，有门能达相公家。”

和珅以权谋私，聚敛财富，贪得无厌，巧取豪夺，其收受贿赂的数额谁也说不清，仅据《清仁宗实录》和一些档案的零星记载就十分惊人。《清仁宗实录》载抄没和珅家产时，“家中银两及衣服等件，数逾千万”，“所藏珍宝内珍珠、手串，总有二百余串，较之大内多至十倍，并有大珠，较御用冠顶尤大”，“所藏真宝石顶有数十余个，而整块大宝石不计其数，且有内府所无者”，“夹墙藏金二千六百余两，私库藏金六千余两，地窖内并有埋藏银两百余万”，“附近通州、蓟州地方，均有当铺钱店，查计资本，又不下十余万”。另据档案所载，仅其在京房屋一项，即有二千三百四十三间，而且还不包括抄没家财后赏给庆郡王永璘和留给和孝公主的房屋。

和珅专权不但对广大劳动人民是一场灾难，而且严重地损害了各级官吏的利益，因而，从其执掌大权之日起，除其后台乾隆以及个别死党之外，“上自公卿，下至舆台，莫不侧目唾骂”。个别具有正义感的封建士人和国家官吏如御史曹锡宝、钱沣、谢振定和县令武亿等，或者直接上疏乾隆指斥和珅专权，或者冒着革职治罪的风险对其党羽的不法行径进行惩治。乾隆四十六年时，陕西一老儒上疏，“极言和珅怙宠卖权之事”；五十一年六月，御史曹锡宝又上疏揭露和珅家人刘全“服用奢侈，器具完美，恐有招摇撞骗等事”，闪烁其词地将抨击的矛头指向和珅本人。然而，乾隆此时正将和珅倚如手足、视为心腹，因而，凡是抨击和珅者，无不严加惩治。

那个陕西老儒被乾隆处以“赤族之祸”，其他指斥和珅的官员也都被革职罚责。这样，在乾隆的纵容下，和珅“宠遇日隆，威势日加”，更加肆无忌惮地胡作非为，对于乾隆后期政治的腐朽和清朝的衰落都起了推动作用。

然而，“多行不义，必自毙”。乾隆刚刚撒手西归，尸骨未寒，乾隆亲自指定的继承人嘉庆和乾隆最宠信的大臣和珅就发生了一场火并。顷刻间，权势熏天的和珅一垮到底，被当作乾隆种种败政的替罪羊而落得身首异处的下场。

关于和珅出身和早期与阿桂的关系，一些小说、电视剧皆称和珅原来是阿桂侍从亲兵，后来另攀高枝、飞黄腾达后便与阿桂分道扬镳。其实，核之史实，早期阿桂、和珅并无关系。就阿桂而言，原隶满洲正蓝旗，年龄只比乾隆小五六岁，乾隆初年即已步入仕途。乾隆十二三年参赞金川之役时，和珅尚未出生。而后，乾隆二十八年，阿桂自西域调京，进入军机处，和珅尚是满洲正红旗下一名十三四岁的少年，两人风马牛不相及。到了乾隆四十年，阿桂担任首席军机大臣时，在乾隆提拔下，不到三十岁的和珅亦进入军机处，而且不久之后又成了乾隆的儿女亲家。直到这时，两者才发生了工作关系。小说、电视剧于和珅尚未出生之前的金川之役时，即让他成为阿桂的亲兵，可谓是一个不大不小的笑话。另，关于乾隆时期中枢权力分配和相互之间的斗争情况，有的小说描写颇详，但是不知何故，却将其先后次序加以颠倒。按照史籍所载，首席军机大臣傅恒死后，尹继善继任；尹继善死后，刘统勋继任；刘统勋死后，于敏中继任，而小说中是刘统勋先死，而后才是尹继善、傅恒，错误明显。又，阿桂任首席军机大臣期间，乾隆虽然重用和珅，但并无以和珅取代阿桂为首席军机大臣之举。小说中描述此事，显是无证据的编造。

第十八章　节庆挥霍

随着“文治武功”成就的不断取得，乾隆越来越自我陶醉。在他看来，历代帝王中没有一个能比得上自己。本已发胀的脑袋越来越不清醒，以致乾隆前期就已经非常严重的好大喜功、浮夸、挥霍的行为更是一发而不可收拾。其中最典型的就是乾隆七旬、八旬两届万寿庆典和两次规模盛大的千叟宴。

乾隆四十年以后，由于专制统治的极端加强，乾隆的骄傲情绪也空前滋长。乾隆一生，在位时间长、政治活动多、涉及面广，其中一些成就还比较大。所有这些，进入乾隆后期，几乎都成了他自我陶醉的资本。在夸耀自己的这些成就时，他特别喜欢将自己和历代帝王进行比较。开始时是比疆域、人口、蠲赈、政治的安定、统治的巩固；七十岁以后，这种比较达到了极为庸俗的地步。除文治武功之外，包括年龄、儿孙和在位时间在内的一切项目都成了他进行比较的内容。如在乾隆四十五年七十寿辰时，他即亲制《古稀说》，历数秦汉以下历代帝王“寿登古稀者才得六人”，其中之汉武帝、梁武帝、唐明皇、宋高宗四君皆不值一提，下余两个创业之君元世祖和明太祖，虽然武功甚盛，但其“礼乐政刑，有未遑焉”。而他本人在位期间，“前代所以亡国者，曰强藩、曰外患、曰权臣、曰外戚、曰奸臣、曰佞幸，今皆无一仿佛者”。而后，乾隆四十九年三月六次南巡途中，京中奏报曾孙奕纯得子载锡，乾隆五世同堂，群臣纷纷称贺。这时，他开始和历代帝王比儿孙，当即令儒臣查阅《四库全书》中“自古以耆寿得见元孙者凡几人”。查阅结果，

“三代以上不可考，秦汉以后、隋以前未有其人”。自唐讫明，五世同堂者只有唐朝钱朗、宋朝张焘、元朝吴宗元、明朝罗恢、归璿、文征明六人，“帝王中臻斯盛者，尤未之前闻”。这样，乾隆又像打了一场胜仗一样异常高兴。乾隆五十年，乾隆迎来了自己即位五十年大庆，于是他又和历代帝王比起了在位年代。当年元旦，他挥毫作诗：“七旬登寿凡六帝，五十纪年惟一人。汉武却非所景仰，宋家高孝更非伦。”乾隆五十五年和六十年，他八十寿辰和在位周甲，更是年龄、儿孙和在位年代无所不比。如其五十五年所作之诗篇中称：“八旬开衮春秋永，五代同堂今古稀。”“古稀六帝三登八，所鄙宋梁所慕元。惟至元称一代杰，逊乾隆看五世孙。”乾隆六十年时又有诗称：“三代问谁几周甲，藐躬惕已益增寅。”这样比来比去，在他看来，历代帝王中没有一个能比得上自己。就是在这样的比较之中，他得到了极大的心理满足和乐趣，本已发胀的脑袋越来越不清醒，乾隆前期即已非常严重的浮夸和挥霍行为一发而不可收拾。如乾隆四十九年，他喜得玄孙，当即命令各省督抚详查治下五世同堂者，以致各地官员置行政事务于不顾，陆续查得一百九十四家上奏。为此，他亲制诗篇、御书匾额、赏赐缎匹银两，敕令建坊，不一而足。此番举动之后意犹未尽，他认为自己“逮事皇祖、皇考，复得元孙，亲见七代，实为古今罕有”。乾隆五十七年，他又花样翻新，再命各省督抚访得臣民中身见七代者七人，优加赏赉。与此同时，他还借各种礼庆之际大肆挥霍。乾隆五十年至六十年，他的曾孙多人陆续成婚。为此，他连年赏赐不绝。其中，赏赐最多的一次是他的幼女和孝公主下嫁和珅之子丰绅殷德。史载：

"妆奁之侈，十倍于前驸马福隆安时。自过婚翌日，辇送器玩于主第者，概论其值，殆过数百万金。二十七日，皇女于归，特赐帑银三十万。"乾隆本人历次寿辰也越过排场越大。其中，靡费特甚的是乾隆四十五年、五十五年举办的乾隆七旬、八旬两届万寿庆典和乾隆五十年、嘉庆元年举办的两次规模盛大的千叟宴。

乾隆诞辰是八月十三日，依据惯例，一般都在避暑山庄举行庆祝活动。因而，乾隆四十五年以前，每逢乾隆诞辰，避暑山庄皆连日筵宴，热闹异常，连同北京至承德三百多里的道边树木上也披红挂彩，装饰一新。乾隆四十五年乾隆七十寿辰时，庆典更为隆重盛大。为了投其所好，前期一年，以皇六子永瑢和军机大臣和珅为首的一班子臣便已在进贡器物和进贡数字上绞尽脑汁，大做文章。凡是贡品，皆"取九九之义"。截至乾隆四十四年四月，单是其中无量寿佛便已达一万七千九百六十三尊，计银二十八万七千四百八十两。至四十五年七月，各省督抚进献万寿贡品的活动进入了高潮。据当时的朝鲜使臣记载，贡车多达三万辆，此外，人担、驼负、轿驾者更是数不胜数。为了抢运贡品，车辆互相争道，"篝火相望，铃铎动地，鞭声震野"。西藏班禅、蒙古哲布尊丹巴呼图克图等主要宗教领袖和各族贵族也分别前来入觐；朝鲜、琉球、安南等藩邦也都遣使入贡。在内外上下的一片颂扬声中，乾隆觉得飘飘然。就在他陶醉于自己即位以来的统治成就的时候，大量的帑藏银两、缎匹经由他手赏赐给了前来祝嘏的臣下和外藩使臣。

七旬万寿庆典使得乾隆大为开怀。为了满足自己的侈大心理，乾隆五十二年八月，刚过七十七岁寿辰，乾隆即正式颁布谕旨，命令臣下照历次皇太后万寿庆典之例筹办自己的八旬万寿庆典。乾隆五十三年三月，又专门成立了由军机大臣阿桂、和珅等共同参加的筹办八旬庆典的领导机构。为了筹集庆典资金，和珅等人欺上压下，除向商众大肆勒索之外，还令全国大小官员各捐廉俸。与此同时，各种庆典准备活动也先后着手进行。首先是动工将紫禁城、圆明园所有的建筑和京城至西山一带全部道路一律重加修整。在这些工程正紧张施工之时，北京至承德之间的路面点缀工程也着手进行。而后不久，各省督抚又循例遣人进京，对分派地段进行布置。为了将庆典办得隆重盛大，乾隆除下令开恩科乡、会试之外，还于五十五年正月颁布诏旨，再行普免全国钱粮。当年七月，万寿庆典首先在热河避暑山庄拉开帷幕，哲布尊丹巴呼图克图等宗教领袖，西藏、回部、蒙古、金川、台湾等少数民族贵族头人，朝鲜、安南、缅甸、琉球、哈萨克、南掌等国使臣，一齐向乾隆叩祝万寿。而后，连日赐宴、观剧，赏赉不绝。八月上旬，乾隆进京，庆典活动进入了高潮。八月十二日，在乐队所奏的万寿衢歌乐声之中，乾隆在子孙和文武千官的簇拥下自圆明园起驾进城。一路之上，“夹道左右，彩棚绵亘，饰以金碧锦绣”，较之历次皇太后万寿庆典的布置更为壮丽。乾隆高兴之余，将白花花的银子像流水一样颁赐给迎驾的“老民、乐工、承应匠役人等”。当日，大宴重华宫，子孙百数十人彩衣作舞，奉觞上寿。次日万寿节，乾隆亲御太和殿，接受宗室、满汉文武大臣、边远土司和外藩使臣的朝贺。而后，所有人众分作两处举行大宴。万寿节后，一连十来天，除观剧之外就是游幸香山和圆明园。这时，乾隆历数汉唐以来诸帝王，寿登八旬者只有梁武帝、宋高宗、元世祖三人，不是偏安之君就是未见五代，只有自己统治全国，固若金汤，曾玄绕膝，五世同堂，乾隆因此感到无限的满足与快活。

万寿庆典之外，两次千叟宴也值得一述。乾隆四十九年三月，乾隆决定踵行康熙故事举行千叟宴，“凡内外文武官员年在六十以上者，皆与赐宴之列”。为此，成立了一个由皇六子永瑢和阿桂、金简等共同负责的内务府办理千叟宴事务处，全面负责千叟宴筹备事宜。当年十月，乾隆正式颁布谕旨，定于来年正月初六在京举行千叟宴盛典，“用昭我国家景运昌期、重熙累洽、嘉与中外臣民耆老、介祉延禧之至意”。与宴人数渐次增加到三千六百人，与宴人物也由原来的内外文武官员扩大到各国使臣、边地土司、出痘的蒙回两部王公和地位较卑而又年过七十的耆老士民、八旗兵丁、拜唐阿以及匠役人等。所有与宴人员名单，经过乾隆批准均由军机处正式行文各省，通知与宴人员于年底封印以前进京。这样，从十一月初开始，各省与宴官吏士民先后就道，北上京师。届期，与宴人员齐集乾清宫，按班序列，俟乾隆升座，乐声大作，一齐向乾隆行三跪九叩大礼，然后各入座次，宴会正式开始。席间，乾隆频命皇子、皇孙、皇曾孙等分别向与宴人员执爵敬酒。其中年过九十者，还招至御座前，由自己亲赐卮酒。此时，乾隆想起康熙六十一年新正千叟宴时自己遵命向老臣执爵敬酒时的情形，眼见当下千叟宴的空前盛况，喜不自胜，诗兴大发，当即挥毫成诗一首。诗云：“抽秘无须更骋妍，惟将实事纪耆筵。追思侍陛髫垂日，讶至当轩手赐年。君酢臣酬九重会，天恩国庆万春延。祖孙两举千叟宴，史册饶他莫并肩。”此番宴罢，乾隆犹兴致勃勃。乾隆六十年十一月，在宣布次年归政的同时，他又决定在嘉庆元年正月再举行千叟宴，以庆祝他六十年来的文治武功和嘉庆登基。据史载，此次与宴人数多达五千九百，较之上次几乎翻了一番。偌大的皇极殿和宁寿宫座无虚席，席面上堆满了金杯玉碟、山珍海味、名酒佳肴。总计两次盛宴，备办宴席近两千桌。而且，宴会之时，乾隆亲自向与宴臣民赐酒赐诗，之后又各颁如意、寿杖、缯绮、貂皮、文玩、银牌等物。其中之银牌，依据受赐者年龄而自十五两至三十两不等。连同其他赏赐开销，达数百万两之多。

在这些浮夸、挥霍行为达到了顶点之际，乾隆还发明了一套歪理论。他多次宣称，天地生财止有此数，不散于下则聚于上。按照他的这个逻辑，他的这些挥霍行为不但无害，反而有益于穷民。就在这套歪理论的指导下，几十年中广大劳动人民用汗水积攒起来的巨额财富经由他手而付诸东流，并且还一直弄到了国库空虚、民穷财尽的地步。乾隆的任情挥霍，给国家和人民都带来了巨大的灾难。

第十九章　晚年直臣

乾隆的脑袋越来越不清醒，不光表现在挥霍无度上，还体现在日益严重的拒谏饰非上。窦光鼐、尹壮图是乾隆晚年少数正直的官员，只因他们说了几句真话，乾隆就大为恼火，又是逮下刑部治罪，又是革职留任、严加惩治。

随着乾隆骄傲情绪的空前滋长，他拒谏饰非的毛病也愈益严重。本来，从乾隆三十年后，清朝政治即已脱离了康雍以来向上发展的轨道，至乾隆五十年后更因乾隆年迈、怠于政务而愈益废弛，整个社会危机四伏、险象丛生。再者，上有和珅的装点粉饰，下有各级官员报喜不报忧，乾隆竟对腐败现象视而不见。对此，窦光鼐、尹壮图等个别官员实在看不下去，大着胆子说了两句老实话，谁料乾隆竟不辨是非，大为恼火，窦、尹两人也差点儿为此丢了前程。

窦光鼐是乾隆七年进士，因为不谙官场吹拍之术多次受到乾隆的严厉申饬，仕宦五十多年仍在学士、侍郎、学政等职务上晃来晃去。乾隆四十六七年时，浙江先后发生了王亶望和陈辉祖两起贪污大案，全省钱粮亏空高达一百三十多万。为此，乾隆在处死王、陈的同时，限令浙省各级官员一年内将亏空全行补齐。然而，因为吏治腐败，四五年后全省亏空不但没有补齐，反而有愈益严重之势。因此，乾隆五十一年时，乾隆又派尚书曹文埴、侍郎姜晟等前赴浙省清仓查库。得知中央派员清查消息，浙江巡抚福崧以下大小官员闻风而动，一方面借机向百姓摊派加征，一方面用重金收买清查官吏。其中，最为无耻的是平阳县知县黄梅。当时，他的母亲刚刚死去，为了不放过勒索中饱的机会，他不但匿丧不报，反而以为母庆祝九十寿辰为借口在府演戏，收受贺礼。与此同时，他还明目张胆地印发编号田单、印票、借票、收帖等，上注花户姓名及摊征银两，发往各村，按亩派捐，“每田一亩，捐大钱五十文”，勒令乡民交纳，连同前此贪污所得，总数不下二十万两。时任浙江学政的窦光鼐得知此事，立即上书乾隆，予以揭发。除此之外，他还将闽浙总督富勒浑、浙江布政使盛柱以及永嘉县知县席世维、仙居县知县徐延翰等人贪污钱财的罪恶事实一并检举，触动了浙江官场上的关系网。为了报复，以新任浙江巡抚伊龄阿为首，所有贪官污吏通通联合起来共同对付窦光鼐。他们一方面互相包庇、开脱，使调查无法深入；一方面歪曲事实真相，罗织罪状，对窦光鼐反咬一口，一直告到乾隆那里。众口铄金，眼见控告窦光鼐的奏折如同雪片一样飞来，乾隆极为恼火，置贪官污吏于不问，反而对窦光鼐严加申饬，指斥他“不顾污人名节，以无根之谈，冒昧陈奏，实属荒唐”。此后不久，他又以窦光鼐此举“煽惑人心，致启生监平民人等讦告官长，效尤滋事之风”，将其革职拿交刑部治罪。浙江贪官弹冠相庆。但是，就在窦光鼐行将被逮之际，在平阳县人民的支持下，两个秀才冒着生命危险收集了黄梅非法摊派的票据两千多张，悉数交予窦光鼐。窦光鼐持有证据在手，当即呈报乾隆。在这些铁证面前，为防引起民变，乾隆才不得不将窦光鼐释放，转而装模作样地惩治贪官。

尹壮图是乾隆三十一年进士，乾隆五十五年任内阁学士兼礼部侍郎。眼见朝政日非，尹壮图心中甚为忧虑。当年十一月，他上书乾隆，对处分官吏时往往以罚缴巨额银两代替行政处分的做法提出了批评。同时还揭露，“各省督抚借罚银为名，派累属员，致仓库多有亏缺”。一个小小的内阁学士，竟敢对他的政策进行批评，这使乾隆极为反感，当即责令尹壮图将所指具体人事再行复奏。为此，尹壮图在复奏时又进一步指出：“各省督抚声名狼藉，吏治废弛，经过各省地方，体察官吏贤否，商民半皆蹙额兴叹。各省风气，大抵皆然。”为了证实自己的这种说法，他要求乾隆简派满洲大臣和他一起密往各省盘查亏空。当时，乾隆刚刚度过了自己的八旬万寿，传到耳中的全是一片颂扬之声，尹壮图的这一奏疏不啻是给他泼了一瓢冷水，乾隆大为恼怒。他怒气冲冲地说：“朕临御五十五年，子惠元元，恩施优渥，普免天下钱粮四次，普免各省漕粮二次，为数何啻万万？倘遇水旱偏灾，不惜千百万帑金，补助抚恤，赈贷兼施，蔀屋穷檐，共沾实惠。凡身被恩膏者，无不家喻户晓。小民等具有天良，方将感戴之不暇，何至蹙额兴叹，相聚怨咨？”“乃尹壮图忍为此蹙额兴叹之言，直似方今天下，民不聊生，不特诬及朕躬，并将亿兆黎民爱戴悃忱，全为泯没。”为了对尹壮图进行惩罚，乾隆令其自备廪给与侍郎庆成前往山西、直隶、山东、江苏等地盘查仓库。庆成到一处则大吃大喝、游山玩水，待当地官员挪借完毕，始令尹壮图前往盘查。所以，查来查去，一点问题也未能发现。尹壮图不得不违心地上书乾隆，自认愚妄之罪。这时，乾隆又对尹壮图横加指责：“使小民等受我朝百数十年深仁厚泽，尊亲爱戴之忱，尽行泯没，竟将熙皞之民，诬为朝不谋夕之状，则莠言惑众，其罪实无可解免。”盘查完毕还京，即将其逮下刑部治罪。不久，又将其革职留任，以示惩戒。出完了这口恶气，乾隆的情绪方才平静下来。

乾隆虽对窦光鼐、尹壮图二人大为恼怒，严厉惩治，其实，作为两个封建官吏，窦光鼐、尹壮图所揭露的远非当时全部实际情况。由于政治黑暗、吏治腐败、土地兼并空前剧烈，且天灾横行，不但卖儿鬻女、逃荒要饭者比比皆是，甚至人吃人的惨剧也时有发生。如果他们将这些揭露出来，乾隆不将他们治罪处死才怪呢！

因为窦光鼐、尹壮图、钱沣皆系乾隆朝耿正直臣，故而小说、电视剧于其人亦多予笔墨，刻画他们犯颜直谏的形象。其情节虽然动人，但与事实多有不符。其一是乾隆三十年南巡，窦光鼐并未随驾扈从，更无举发高恒贪婪不法、谏阻乾隆奉母仪征观赏槐树生花及任安徽布政使拒收山东巡抚国泰运送低劣赈粮事；其二是钱沣外仕仅至湖南学政，后以诖误夺职，复任御史，并无任云贵总督事。况且，根据清朝典制，官员任职回避原籍，钱沣籍贯昆明，更不能就职云南，可见小说作者不谙清朝典制，以致在编造钱沣任职地点上出现了硬伤。

第二十章　治理西藏

乾隆两次派兵打败廓尔喀的入侵，并制定了《钦定西藏章程》，对西藏的政务进行了改革，进一步提高驻藏大臣的地位和权力；特别是创立金奔巴瓶制度，限制了西藏僧俗贵族的权力；同时对西藏的军事、外交、财政也进行了一系列的改革，标志着清朝对西藏进行全面有效的管辖。

乾隆三十年以后，在博赤纳喇的领导下，廓尔喀部崛起于喜马拉雅山南麓，并进行了征服尼泊尔各部和向外扩张的活动。当时，英国殖民主义势力正在向印度北部发展，廓尔喀东邻锡金的势力也相当强大，北向侵略中国西藏便成了廓尔喀向外扩张的唯一出路。恰在此时，由于国家事务日渐废弛，西藏地区的政治也极为黑暗，内部斗争空前激烈。就是在这样的情况下，廓尔喀贵族先后两次发动了侵略中国西藏地区的战争。

第一次入侵是在乾隆五十三年六月。此前，乾隆四十五年时，班禅额尔德尼曾亲赴热河行在和北京祝贺乾隆七十寿辰，并于当年十一月因出痘在北京圆寂。为了接待班禅并护送其舍利返藏，乾隆先后大行赏赐，王公贵族也普予布施，总数达数十万金。所有这些资财运回西藏后，皆为班禅之兄仲巴呼图克图一人独吞。对此，其弟舍玛尔图则因未能分润而极度不满。乾隆四十九年，舍玛尔图叛逃廓尔喀并煽动廓尔喀向中国西藏地区发动进攻。廓尔喀贵族久已企图北进扩张领土，此时又对这批财富垂涎三尺，当即以边卡官员征收商税过高以及西藏商人卖给廓尔喀商人的食盐中杂有沙土为借口出兵三千，攻占边境上的重要据点聂拉木和济咙。而后，又分道北上，先后攻陷胁噶尔、宗喀、萨喀等地，杀戮人民，抢掠财物。乾隆得知此讯，在严令当地汉藏官兵坚决抵抗的同时，还飞檄调拨川督鄂辉、成都将军成德、御前侍卫钦差大臣巴忠等率军赴援。然而，正在广大军民奋勇抗击敌军入侵之时，由于被廓尔喀入侵者暂时的胜利吓破了胆，少数西藏上层贵族却背着乾隆私向廓尔喀遣使乞和。当年十二月，巴忠等至藏后，对此非但不予制止，反而加以支持和纵容，以图速行完结此事，好向乾隆请功邀赏。为了取悦廓尔喀，他们将滋事之官员和加税之第巴革退治罪，同时还极其屈辱地答应廓尔喀的无理要求，每年致送元宝三百个，以换回被敌军占据的聂拉木等三处中国领土。这些要求得到满足后，廓尔喀军队撤出国境。而后，清军大摇大摆地进驻这些地区并向乾隆报告："番众畏惧，先行退避。""巴勒布所占地方，业经全行恢复，边界廓清。"年老昏聩的乾隆对此一概没有察觉。这样，清朝政府耗费帑银上百万两，但却未给入侵者以应有的惩罚，从而导致了廓尔喀的再次入侵。

巴忠等人和西藏一些地方官员私向廓尔喀许银赎地大大助长了廓尔喀贵族的侵略气焰。乾隆五十六年六月，廓尔喀贵族又以西藏地方政府拒付赎地银两为借口，再次出兵攻占聂拉木，并将前往谈判的西藏代表三十余人全行扣押。而后，又分路内犯，所至之处，烧杀抢掠，无恶不作。为了保卫国土，当地汉藏官兵奋起反抗，但因寡不敌众，济咙、绒辖尔等许多城镇相继失守。廓尔喀军队遂乘胜北上，攻占萨迦，矛头直指后藏首府日喀则。这时，驻藏大臣保泰吓得“心慌胆落”，不但不组织当地军民进行抵抗，反而于当年八月主动放弃日喀则，携同班禅狂遁前藏。几天后，日喀则失陷于敌，整个形势极为严重。

八月下旬，乾隆接到了廓尔喀军队大举入犯西藏的消息，当即急令四川总督鄂辉、成都将军成德率领当地汉土官兵千里驰援。不久之后，因见他们畏敌如虎，迁延不前，坐失时机，难膺重任，当年九月又急调两广总督福康安兼程进京，面授方略，分别以其和海兰察为大将军和参赞大臣，统率索伦和达呼尔健卒数千人，开赴西藏前线。经过四个来月的艰苦行军，次年二月，福康安率军进抵后藏。三月以后，在广大藏族人民的协助下，各路兵马以及粮饷也源源不断地到达指定地点，一场大规模的反击战开始了。闻知内地正规军队到来，廓尔喀军队一方面在其攻占的济咙、绒辖尔一带修筑工事、城堡，企图负隅顽抗；另一方面，又极其虚伪地遣使求和。为了收复失地并对侵略者进行严厉惩罚，乾隆五十七年闰四月底，福康安、海兰察率领劲旅六千人自拉孜南下。五月初，乘雨夜攻克了地势险要的擦木。数天之后，又经过激战，歼灭敌军近千人，克复边界重镇济咙。为了追歼穷寇，五月中旬以后，清军出境作战。越过许多崇山峻岭、激流险滩，“七战七捷，贼人丧胆”。至当年七月间，深入敌境七百余里，到达距离廓尔喀首都加德满都只有几十里的纳瓦科特。在清军的强大攻势下，廓尔喀军队势不能支，再次遣使乞和，并放回全部被俘汉藏官兵。这时，福康安代表清朝政府提出了交出所抢扎什伦布寺全部金银什物、废除西藏个别官员非法订立的纳银赎地合同、退还侵占中国领土，并不得再行侵犯等停战条件。对此，廓尔喀方面全行答应并当即照办。八月间，又派遣使者携带贡品赴京朝贡。这样，福康安也率军凯旋，这次抗击廓尔喀入侵西藏的战争获得了完全的胜利。

有鉴于西藏地区的政务废弛招致了廓尔喀入侵，此次战争胜利之后，乾隆制定《西藏善后章程》，对西藏政务进行了改革。其主要内容：第一，进一步提高驻藏大臣的地位和权力。驻藏大臣督办藏内事务，"应与达赖喇嘛，班禅额尔德尼平等"。所有西藏政教官员均为驻藏大臣之属员，驻藏大臣对其有拣选、升黜、赏罚之权力。第二，建立金奔巴瓶制度以限制西藏地区僧俗贵族的权力。此前，达赖、班禅和各地黄教呼图克图转世，俱由当地巫师吹忠作法指定转世灵童，政治黑暗，弊端甚多。一些上层僧俗贵族往往收买吹忠指定其后世子孙为"呼毕勒罕"，进而操纵政局。为此，乾隆规定，每当达赖、班禅和各地活佛圆寂之后，即将各地呈报的灵童姓名、出生日期等交由驻藏大臣以满、蒙、汉三种文字书写于牙签之上，放入清朝中央政府颁发的金瓶之中，在驻藏大臣的监视下，于大昭寺内的宗喀巴佛像前抽签决定。被抽中的灵童，亦须在驻藏大臣主持下举行坐床典礼。此外，他还规定，大小官员及前后藏管事喇嘛，"均不得以达赖喇嘛、班禅额尔德尼族属挑补"，从而在一定程度上限制了西藏上层贵族的权力。第三，为了加强清朝中央政府对西藏的控制，对于西藏的军事、外交、财政等，乾隆也多加改革。在军事上规定藏兵定额为三千名，并制定了编制、粮饷和赏罚制度；在外交上规定所有涉外事务皆须由驻藏大臣主持决定，达赖、班禅以及噶布伦以下所有官员不得"私行发信"于外国；在财政制度上，除设立机构、开炉鼓铸“乾隆宝藏”之外，还规定所有西藏地方政府的财政开支“统归驻藏大臣稽查总核”。所有这些改进措施，进一步加强了清朝中央政府对西藏地区的管辖，使得中原和西藏人民之间的关系更为密切，对于西藏社会的发展和祖国西南边疆的巩固都起到了重要作用。

应该承认，乾隆出兵抗击廓尔喀入侵并在战争胜利之后对西藏地区政教进行改革，确实办了两件有功于民族和国家的大好事，但是也应指出，此次战争的胜利使得本已十分骄傲的乾隆愈加骄傲。早在乾隆五十三年六月台湾林爽文起义刚被镇压下去之时，为了夸耀自己的赫赫武功，他即将八次性质、结局各不相同的战争（镇压林爽文的军事行动，平定准噶尔、回疆、金川三次叛乱，出兵缅甸和镇压王伦、苏四十三和田五的三次人民起事）胡乱地拼凑在一起，吹嘘自己“五十三年之间，举武功者凡八……近八旬之天子，葳八事之武功，于古诚稀”。此次战役的胜利，更使乾隆增加了自我吹嘘的资本。因为前举八大武功中的诛王伦、翦苏四十三、洗田五均是镇压内地人民起义，再行吹嘘，适足以表示自己治国之不善，故而不再提及，而是将原来的平定金川、准噶尔各分为二，再加上近年发生的安南之役和两次廓尔喀之役，凑成“大功十成”，并载入诗章，宣称自己“开恩逭孽明颁旨，竟得十全大武扬”。诗成之后，乾隆还觉兴头未尽，当年十月又作了一篇《御制十全记》，于中骄傲地宣称，“五十七年之间，十全武功，岂非天赐……为归政全人，夫复何言”。为了宣扬自己的威德，他还命令将这篇《御制十全记》以满、汉、蒙、藏四体文字刻在碑上，竖立在拉萨布达拉宫康熙御碑之旁，并时以“十全老人”自号。总之，在乾隆看来，和历代帝王相比较，他的功勋和成就不但超迈汉唐，而且也在禹汤文武之上；就是和唐尧、虞舜相提并论，他还觉得有点委屈呢！

第二十一章　英使来华

英国使臣马戛尔尼一行来华，经过一番“最礼貌的迎接，最殷勤的款待”之后，又被清朝政府以“最文明的驱逐”方式，在“最警惕的监视”之下离开了中国。这期间究竟发生了些什么事情，又说明了什么？

乾隆五十七年十月，乾隆刚刚写下了他的得意之作《御制十全记》不过十天光景，便又接到了广东巡抚郭世勋向他报告的“好”消息：为了补祝乾隆八旬万寿，西洋英吉利国国王特遣马戛尔尼勋爵为使团团长，率同随从人员七百余人，分乘五艘大船，携带国王亲笔书信和许多珍贵礼品，正在由海道前来中国的途中。一个远在重洋之外的西洋国家，不远万里，专程遣使进贡并向自己叩祝万寿，在乾隆看来，无疑是给他的“十全武功”锦上添花。为此，他先后颁布多道谕旨，指令使团船队经过省份督抚先事预备，提高接待规格。“务宜妥为照料，不可过于简略，致为远人所轻。”这样，两广、闽浙、两江、山东和直隶等省督抚以下不少官员一齐出动，有的遣人放帆出海打探使船到达消息，有的备办牛羊米面并修葺馆舍以备使团食宿之用，有的采办物品、准备宴席以备招待和犒赏，有的雇赁船只以供运贡品之需。几个月的时间里，许多人员为此异常忙碌，盼望着这些西洋贵宾的大驾光临。

广东地方官员奏报的英使来华虽然确有其事，但是称其来华是为补祝乾隆八旬万寿则是广东官员的捏饰之词。其实，真正情况与此恰好相反，英国政府派遣马戛尔尼来华完全是另有一番用意。十八世纪下半叶，英国资本主义进入了一个新的发展时期，各种大机器普遍采用，社会生产力迅速提高，为了寻求新的原料产地和商品市场，地大物博、人口众多的中国便引起了英国资产阶级的关注。为了搜集有关中国的各种情报并为英国攫取通商利益，英国政府经过反复商讨，拟定条款并以富有外交经验的英国驻孟加拉总督马戛尔尼勋爵为使团团长，携带重礼，前来中国。

乾隆五十七年秋，马戛尔尼一行自英国朴资茅斯港启程，历经半年多时间，渡过大西洋、印度洋，于乾隆五十八年五月进入中国南海。而后，沿中国大陆海岸北上，六月下旬到达天津，并于八月间携带部分贡品抵达热河觐见乾隆。而在此时，由于双方关于觐见礼节的争执和对使团来华意图的逐渐了解，乾隆的热情急剧下降。首先引起乾隆不满的是，马戛尔尼一行于觐见时拒绝向乾隆行三跪九叩大礼。出于习惯心理，在乾隆看来，是否对他行跪拜大礼是对自己是否表示恭顺的一个主要标志。因而，早在使团一行刚刚抵达天津时，他即因清朝官员宣读恩旨时马戛尔尼一行只是“免冠竦立”而即刻指令当地官员“婉词告知”，他们“自应遵天朝法度”，却遭到英国使臣的拒绝。到了热河以后，虽经军机大臣和珅等人多方劝诱，马戛尔尼一行却仍坚持原来立场。最后，不得已折中，两次觐见时，马戛尔尼均以觐见英王之礼觐见乾隆，以单膝下跪，但免去吻皇帝手的礼节。这使乾隆极觉不快，他说：“似此妄自骄矜，朕意甚为不惬。”当即下令“减其供给”。与此同时，原来计划给予使臣的一些额外赏赐，此时也全行取消了。当年八月中旬以后，使团一行回到北京，并与以和珅为首的清朝政府官员举行了会谈。这时，马戛尔尼开始撕下了友好通使的面纱，代表本国政府提出了一系列的侵略性要求。其主要内容是：第一，要求清朝政府于广州之外，另开舟山、宁波、天津等地作为通商口岸，并准英国派人常驻北京，照料本国买卖事宜；第二，要求清朝政府割让舟山附近一小岛和广州附近一小块地方，以为英商居留和贮存货物之处；第三，要求清朝政府对于进入中国内地各口岸的英国商品给予减税、免税之优待；第四，要求清朝政府准予英国教士在中国境内自由传教等。至此，马戛尔尼使华的真正意图全部暴露。对于这种不加任何掩饰的赤裸裸的侵略要求，乾隆十分愤怒，并以颁给英王敕谕的形式迅速回复，逐条驳斥，全然拒绝。针对其所提出的派人留京贸易和增开通商口岸的要求，敕谕指出："与天朝体制不合，断不可行。"对于割让土地，则严正指出，"天朝尺寸皆归版籍，疆址森然，即岛屿沙洲，亦必划界分疆，各自专属"，"此事尤不便准行"。对于要求减免英国商品税以及自由传教，乾隆也概不让步，坚持"照例公平抽收，与别国一体办理"；"任听夷人传教，尤属不可"。有鉴于该使团完全是为英国政府侵略中国而来，与其自称的友好通使截然相反，乾隆限令使团一行于当年九月初离京返国。为了防止沿途滋事，除派专人监送之外，乾隆还指令各地督抚"只须照常供应，不可过于丰富"，"倘有借词逗留等事，应饬令护送官员严词拒绝，催令按程前进，毋任迁延"。这样，马戛尔尼一行来华，经过一番"最礼貌的迎接，最殷勤的款待"之后，又在清朝政府"最警惕的监视"之下被以"最文明的驱逐"方式离开了中国。与此同时，乾隆开始认识英国"在西洋诸国中较为强悍”，并为防止其因外交上的失败而对中国进行武装挑衅，还多次颁布谕旨，强调加强海防建设，要求沿海省份督抚严饬所属“认真巡哨”，如有英船借贸易为名，近岸骚扰，“即行驱逐出洋”。在乾隆的一再督促下，对于西方资本主义国家的侵略活动，清朝政府一直处于戒备的状态，海防建设也有所加强，从而在一个时期中海疆相对安定，对于维护国家的独立和主权起到了重要作用。

马戛尔尼使华之际，乾隆已至八十三岁高龄，但为了维护国家的独立和领土完整，仍然与之进行了坚决的斗争。这些活动，代表了中国人民的共同利益，使得英国使团“新奇而微妙”的使命遭到失败。另一方面，由于多年以来的闭关自守政策，乾隆对国际事务几乎一无所知，兼之以晚年骄傲情绪空前滋长，因而在英使来华时夜郎自大，目空一切，甚至无谓地为觐见礼节而往返争执，在英国侵略者面前暴露了自己的无知和愚昧。

据史载，英使马戛尔尼来华只有一次，是在乾隆五十八年，而有的小说却称其两度来华，并不符合历史事实。又，马戛尔尼使华之日，福康安正在两广总督、四川总督任上，并未参与双方谈判，而有的小说却将福康安与英国使臣谈判的情形写得绘声绘色，如同亲眼目睹，情节虽然颇为生动，但却与史实不符。

第二十二章　山雨欲来

正如英国使臣马戛尔尼回国后报告所说，清帝国不过是一艘破烂不堪的战舰，随时都有沉没的危险。湘黔苗民起义和川楚陕白莲教起义，标志乾隆专制统治的结束，清王朝的盛世一去不复返，无可挽回地走向衰落、灭亡。

马戛尔尼虽被驱逐回国，但是他从乾隆五十八年六月进入中国国境，至当年十二月才离开广州，在中国大陆几乎待了半年光景。在此期间，最高统治者乾隆的昏聩、权臣和珅的跋扈、中国官场的腐败和广大人民生活的困苦都给他留下了极其深刻的印象。因而他于第二年秋天返回英国后，当即宣称，清帝国不过是一艘破烂不堪的战舰，随时都有沉没的危险。果不其然，不过几个月，他的预言得到了证实：湘黔苗民起义和川楚陕白莲教起义先后爆发，乾隆时期的人民起义风暴进入了高潮。这两场起义风暴的发生，敲响了乾隆专制统治的丧钟，终止了清朝统治的全盛局面，使清王朝无可挽回地进入了它的衰落、灭亡阶段。

湘黔苗民起义爆发于乾隆六十年春。为了反抗清朝政府的民族压迫和汉族地主的残酷剥削，乾隆六十年正月十三日，贵州大寨营苗民领袖石柳邓首先举事反清。几天之内，不但贵州境内的思南、印江及镇远四十八营地方苗民群起响应，而且湘西地区的吴八月、石三保、吴半生、吴陇登等亦各率队伍起兵反清。他们公举苏麻寨起义领导人吴半生为吴王，并提出了“驱逐客民，夺还苗地”的口号。在这一口号的鼓动下，“穷苗闻风，无不振臂相从”，“群寨响应，争杀百户起事”。其中，湘西一带起义苗民，只用几天工夫即将镇筸总兵明安图、永绥厅副将伊萨纳所率清军全行消灭，并一举攻克了乾州厅。一时之间，在贵州、四川、湖南三省交界的广大区域内，苗民起义的烽火到处燃烧，湘黔苗民起义进入了高潮。

得知湘黔苗民起义爆发的消息，乾隆极度恐慌。为了将这场人民革命风暴迅速扑灭下去，他绞尽脑汁制订了三路进剿计划。根据这一计划，东路由湖广总督福宁等率军一万三千人由镇筸向西进攻，南路由云贵总督福康安率军万人自铜仁向北进攻，西路由川督和琳率军四千东向秀山、酉阳，以对湘黔起义苗民形成包围之势。由于清朝正规军队的残酷镇压，至当年三月间，贵州、四川苗民反抗斗争先后被扑灭下去。福康安、和琳等两路军队合为一路，进入湘西地区作战。这时，针对湘西地区苗民起义据点各自孤立的情况，乾隆指示他们集中优势兵力各个击破，“肃清一路，擒一首恶，再行攻剿一路”。与此同时，他还大施“以苗攻苗”之计，要求福康安等将苗民“壮健丁男”悉数编为“团练”，协助清军剿杀义军。在清军的猛烈进攻下，起义队伍虽然失去了一些地方，但福康安进抵乌草河两岸之时，还是遭到了各路起义军的顽强抵抗。有鉴于苗民起义带有全民性，杀不胜杀，乾隆被迫改变政策，宣布“被胁苗众，虽经从贼抗拒，而畏罪投诚，俱可无庸深究”。与此同时，他们还集中兵力，猛攻吴半生据守的高多寨。不久，高多寨失陷，吴半生被俘。这样，从当年秋间开始，战场形势发生了不利于起义军的转变。

乾隆历时两年、征调军队七八万人，费尽九牛二虎之力才将这场波及三省的苗民起义大致镇压下去。

在清军全力镇压湘黔苗民起义之际，川楚陕地区白莲教又掀起大规模的起义。

长期在民间流传的白莲教，在各地分别有不同的名称，有的叫“三阳教”，有的叫“收元教”，有一支称作“西天大乘教”。乾隆后期，由于政治腐败，土地兼并剧烈，人民生活十分困苦，中原地区的各支白莲教取得了空前的发展。为此，乾隆五十九年，乾隆先后严令川陕楚豫四省督抚捕拿邪教。这样，不长时间，许多教徒相继被捕，其中不少有名教首还遭杀害。与此同时，各地官员还以查拿邪教为名，四处勒索，不论习教不习教，但论给钱不给钱。其中，最为恶劣的是武昌府同知常丹葵。在查拿白莲教时,“株连罗织数千人，富破家、贫陷死无算”。乾隆的血腥镇压已使广大人民的反抗情绪空前增长，而各级官吏借查拿邪教之际大行勒索更无异于为渊驱鱼，兼之以湘西征苗之役、川楚等地供应浩繁，早已使广大人民无法忍受，因而，就在乾隆在位周甲、举行传位大典之际，爆发了一场大规模的白莲教起义。

嘉庆元年正月初七，湖北宜都、枝江两地白莲教徒一万余人，在其首领张正谟、聂杰人的领导下率先发动起义。不过几天光景，长乐、长阳等县也起而响应。两个月后，南起长江两岸，北至汉水流域，白莲教起义如同燎原烈火熊熊燃烧。得知起义的消息，乾隆急调各路军队前往镇压。与此同时，有鉴于起义爆发的直接导火线在于各级官吏的查拿邪教，他决定，“此时只宜上紧剿除逆匪，邪教一节，暂缓查办，以安众心”。由于各路起义军互不联络、势力分散，不长时间，在清朝正规军队的分头剿捕下，不少地区的白莲教起义先后惨遭镇压。然而，楚北襄阳一带王聪儿、姚之富等人领导的一支起义军，却因领导力量坚强和战术灵活而得到了极大的发展。王聪儿是西天大乘教教首宋之清徒弟齐林的妻子。乾隆六十年，清朝政府大力查拿白莲教，齐林被捕遇难。为了报仇雪恨，嘉庆元年三月，她与齐林之徒姚之富率领当地白莲教教徒在襄阳黄龙垱起事，并在东至随州、孝感，南至钟祥，北至河南邓州、唐县一带广阔的区域内流动作战，从而给围剿清军以极其沉重的打击，并大大扩充了起义军的实力。在王聪儿率众驰骋汉水流域之时，四川白莲教起义也出现了高潮。九月后，徐天德、王三槐、冷天禄、罗其清、苟文明、冉文俦、冉天元、龙绍周、徐万富等分别率众起事于川东、川北。乾隆顾此失彼，气急败坏，因而在全国范围内大行扩军，以王聪儿起义军为重点，对各支白莲教起义队伍进行了疯狂的镇压。因为湖北战场清军空前增多，从嘉庆二年始，襄阳义军进行了大规模的流动作战。正月间，义军分三路进入河南。清军尾随追来，起义军则利用沿途险要地形随时设伏，先后予敌以重大杀伤。而后，又挥戈西向，进入陕西。当年夏，又自陕西南下。七月间，分三路进入川北。川楚两路起义军会师，使得当地起义形势大为改观。他们一方面按青红蓝白将起义军重新分号，并在军中统一设立掌柜、元帅、先锋、总兵等职以使起义军建制进一步健全；一方面明确提出了“兴汉灭满”的口号，并于所至之地张贴布告，宣言清朝“气运已衰，天心不顺，已归我汉家之天下”。所有这些，不但对于协调川楚两支起义军的作战起了重要的作用，而且也标志着白莲教起义进入了高潮。

这使得乾隆极为惊慌，他急令湖北、河南、陕西各路清军入川，对起义军形成夹击之势。为了甩脱敌人，襄阳起义军除留部分军队与四川起义军并肩作战外，兵分两路，再入湖北。九月间，一度率军东向襄阳。待到大批清军东救襄阳之时，十月间，起义军又突然回师入陕。当年年底，起义军再度进入四川境内。襄阳起义军的大幅度流动作战使得清军晕头转向，极为被动。为了扭转形势，掌握主动权，乾隆又重新部署兵力，任命勒保为湖广总督，总统剿匪事务，并以明亮、德楞泰一路清军专门负责剿办王聪儿、姚之富起义军。与此同时，对于其他各路起义军，也责成专人分头负责。根据这一指示，明亮、德楞泰尾随襄阳起义军入川寻战。为了打破敌人的围追堵截，襄阳起义军分出偏师飞渡汉水，插入陕西。明亮、德楞泰深恐西安有失，吃罪不起，只好撇下在川大队襄阳起义军，回军陕西。借此机会，襄阳起义军渡过汉水，东出河南。为此，乾隆对明亮严加惩处，改以德楞泰为主将，继续追击襄阳起义军。由于清军穷追不舍，襄阳起义军逐渐失去了战争中的主动权。嘉庆三年春，王聪儿、姚之富率军进入湖北西部山区时，陷于德楞泰率领的清军主力和当地地主武装的重重包围之中。经过激烈战斗，大部分起义军牺牲，王聪儿、姚之富等主要领导人投崖自尽，起义队伍遭到了自从起义爆发以来最大的一次损失。

襄阳起义军失败以后，所余部队虽仍在湖北、四川等地坚持战斗，但是对于清朝政府的威胁却大为减轻，乾隆因此立即将主力部队投入四川战场。在军事上大举进攻的同时，他还利用起义军觉悟低、对整个封建统治机构镇压人民的本质认识极为模糊的情况，指使“清官”刘清等大行招降之计。由于乾隆两手并用，致使一些起义军首领如王三槐等受骗被擒，有的起义军则在清军的武力镇压下最后失败。尽管如此，直至嘉庆四年正月乾隆去世时，以四川为中心的川楚陕白莲教起义仍然如火如荼，以致乾隆弥留之际还在“频望西南”，并以“军务未竣”而“深留遗憾”。

川楚陕白莲教起义波及内地五省广大区域。起义军所过之处，各地基层封建统治机构几乎全部瓦解。为了镇压这场起义，至乾隆去世时，征调之各省军队数逾十万，耗费帑银也在七千万两以上。换言之，单是三年战争即将雍乾两朝积聚起来的国库存银花了个精光。因而，在这次起义的打击下，入关以来清朝统治向上发展的局面完全停止，清朝“盛世”一去不复返了。

第二十三章　秘密建储

尽管乾隆对秘密建储不无成见，但他还是效法其父实行了秘密建储。所不同的是，在建储时间和建储人选上，他未曾与任何人商量，而在书写建储密旨并将之藏于乾清宫“正大光明”匾额之后才“谕知军机大臣”。乾隆为何会采取这种密而又密的建储方式呢？

八旬万寿之后，乾隆的身体和精神都大不如前。就体力而言，苑中射猎用弓仅达二力半，最多时也不过三四力；就精神而言，不但失眠，而且健忘，常常闹出了吃了早饭不一会儿又要早饭的笑话，弄得下人不知如何是好。谁都可以看得出来，这个老皇帝的日子已是屈指可数了。不少臣民担心，他本人是否想到了自己身后之事。如果考虑到，那么，他所选定的继承人又是谁呢？其实，臣民的这种担心全是多余。打从即位日始，乾隆即反复考虑皇位继承问题。为此，几十年的时间里，他几乎绞尽脑汁，伤透了脑筋。

如前所述，有鉴于康熙末年激烈的皇储之争所导致的政局十分混乱的局面，为了进一步加强皇权，雍正继位后立即对传统建储制度进行改革，创立了秘密建储制度。雍正在位期间，皇权极度加强，去世后的最高权力过渡也相当顺利。虽然如此，作为秘密建储制度的一个主要受益者，乾隆即位之初，由于受传统建储观念影响和年轻缺乏政治经验，他对秘密建储制度的认识却较其父大有倒退。两千多年以来，中国历代君主大都是以在位期间公开立储为建储基本方式，在建储时又以“立嗣以嫡不以长，立嫡以长不以贤”

为基本原则，再加上春秋以后历代儒家大师的阐释、发挥和美化，这一思想几乎被社会普遍接受并且形成了一种极其顽固的习惯观念。自然，这种根深蒂固的传统建储观念不能不给乾隆以极其深刻的影响。另外，由于秘密建储制度是以牺牲储权来加强皇权，因而，作为秘密建储制度制定后的第一代储君，在“备位藩封”十几年的时间里，乾隆深受其苦。即位之后，他的地位虽然变化，但是当时处境却历历在目，难以忘怀。兼之乾隆即位之时，虽然已有三子，但却皆在童年，并不存在皇储之争的客观条件，因而，乾隆元年七月初二日，乾隆虽然恪守“三年无改于父之道”的古训，当着诸王大臣之面将亲书所立储君之名缄密封固并照例藏于乾清宫“正大光明”匾额之后，但是在其言行中却流露出他对秘密建储制度有着极深的成见。首先，将秘密建储视为一种临时措施，“非谓后世子孙皆当奉此以为法则也。将来皇子年齿渐长，识见扩充，万无骄贵引诱之习，朕仍当布告天下，明正储贰之位”。其次，对于储君人选的标准，他也拘泥于以往立嫡立长的旧说，对于清初以来各帝和他自己皆未以“元后正嫡绍承大统”深为遗憾。为此，他暗下决心，“必欲以嫡子承统，行先人所未行之事，邀先人所不能获之福”。因而，乾隆元年七月首次秘密建储，他即将嫡妃富察氏所生的皇二子永琏内定为储君。两年多以后，永琏病殁，他又想把富察氏皇后所生的皇七子永琮内定为储君。但因不久之后永琮也接着殇逝，他的这一愿望才未实现。再者，秘密建储,密是一个基本条件，但乾隆对此也未予重视。乾隆十二年底，乾隆心目中的继嗣永琮殇逝之后，为了挑选新的继承人，他曾先后降旨军机大臣讷亲、傅恒等，

"大阿哥断不可立"，"至三阿哥，朕先以为尚有可望，亦曾降旨于讷亲等"。正是因为保密不够，导致了乾隆和皇长子永璜、皇三子永璋父子之间的隔膜和矛盾。所有这些表明，即位之后十几年的时间里，对于秘密建储制度的意义，乾隆的认识尚十分肤浅。

乾隆十二三年之交，皇七子永琮和孝贤皇后富察氏先后死去，乾隆建储立嫡的愿望完全落空了，这使乾隆极觉悲痛。然而，年龄较大的皇长子和皇三子对此却置身事外，漠然处之。而且，在乾隆看来，皇长子永璜甚至还有"母后崩逝，弟兄之中，惟我居长"，不无幸灾乐祸、觊觎储位的念头。这使乾隆极为不满，当即对他严加训斥。几个月后，又再次降旨对他们严厉警告："此二人断不可承继大统。""若不自量，各怀异意，日后必至弟兄相杀而后止，伊等若敢于朕前微露端倪，朕必照今日之旨，显揭其不孝之罪，即行正法。"经过这一事件的教训，他对秘密建储制度的看法开始发生转变：一是放弃了建储立嫡的原则；二是重申雍正关于秘密建储的有关规定，严禁满汉大臣对此进行干预。从此之后，随着诸皇子陆续长成，为了防止前朝争储夺嫡的斗争再度重演，他还开始采取措施，对诸皇子严加管束并对其地位、权势严加限制，不给其以竞争储位的政治资本。直至乾隆三十一年十一月以前，除皇四子永珹、皇六子永瑢因分别出继履亲王允祹、慎郡王允禧之外，其他所有皇子一概没有爵位；对于已有爵位的那两位皇子也严格限制其器用服饰，规定"一应服用，仍应照皇子之例"，对皇子限制之严、待遇之低超过了历史上的任何君主。与此同时，他还利用二十多年的时间对诸皇子进行长期考察，并决定在没有物色到合适的储君人选以前暂不秘密建储。由于他对储君人选标准要求至为苛严，因而此后二十多年的时间里，那些年长的皇子都因些微过失而失去了被立为储君的资格。首先是皇长子和皇三子因为临丧不敬而受到了他的严厉申饬。受此打击，皇长子忧惧成疾，一病不起，于乾隆十五年三月死去；皇三子也从此一蹶不振，被乾隆排除在建储考虑范围之外。乾隆二十年后，陆续成人的皇四子永珹和皇六子永瑢也先后失去乾隆的宠爱。对于皇五子永琪，乾隆印象一度颇好，并有意将其定为储君，不幸的是，乾隆三十一年他又因病去世。这样，乾隆不得不把建储人选扩大到乾隆十一年后出生的几个儿子身上。当时，乾隆共有七子，除皇四子、皇六子已经出继之外，可以作为建储对象的有皇八子永璇、皇十一子永瑆、皇十二子永璂、皇十五子永琰和皇十七子永璘等五人。乾隆三十一年七月，皇后乌拉纳喇氏病故。因其南巡途中忤旨剪发，乾隆下令以皇贵妃之例为其治丧。这一事件当然会对她所生的永璂产生不利影响，因而，永璂首先被筛选下去。其次是皇十一子永瑆，其文理虽然颇优，但对乾隆极为注重的国语、骑射却向不措意；乾隆三十一年五月，乾隆又发现他仿效汉人陋习自取别号。在乾隆看来，他的这些问题都属重大缺陷，当然不能作为建储对象。再次是皇八子永璇，虽在当时几个皇子中年龄较长，但“为人轻躁，作事颠倒”，“沉湎酒色，素无人望”，况且还是个拐子。举止仪表如此，岂可膺此重任？这样，经过二十多年的考察筛选，至乾隆三十五年乾隆六十寿辰时，所有年龄较长的皇子都被淘汰。对于此事，乾隆虽然不无求全责备之病，但却有效地防止了前朝争储夺嫡斗争的重演，对于加强自己的专制统治和维护社会的安定都起到了重要的作用。

乾隆三十八年，乾隆已经六十三岁。对他而言，建储一事已刻不容缓。这样，经过反复的选择，当年冬天，他以皇十五子永琰为内定储君，再次秘密建储。由于此时乾隆主持国家政务已近四十年，政治经验相当丰富，因而，这次建储乾隆做得十分秘密。建储之前，并未就建储时间和储君人选与任何人商量；书写建储密旨并将之藏于乾清宫“正大光明”匾额之后的活动，也一反雍正和自己首次建储时的旧方式，根本没有召集诸王文武大臣公开宣示，只是在一切办妥之后才将此事“谕知军机大臣”。与此同时，他还另书同样密旨一道藏于小匣内随身携带，以备异日勘对之用。因为全部过程都做得十分隐秘，建储之后很长一段时间，除个别军机大臣外，全国臣民几乎都不知道乾隆已经建有储君，以至乾隆四十三年秋乾隆三次东巡盛京时，锦县生员金从善还为此专门上书乾隆，要求建储。后来，人们虽从乾隆批驳金从善的谕旨中得知他数年前已经建储，但对谁是储君，在将近二十年的时间里，人们猜来猜去，始终不得要领。直到乾隆六十年，乾隆在家宴时对子孙普加赏赉,“而独不及于永琰”，并且还意味深长地对他说，“尔则何用银为?”人们才从乾隆的这些言行中最后准确地判断出皇十五子嘉亲王永琰方是乾隆的内定储君。此时距乾隆公开下诏宣布皇太子之名只有半年稍多的时间，对于政局已经不会发生什么不利影响了。可见，乾隆再次秘密建储，在“密”字上面收到了明显的效果。

乾隆再次秘密建储使得虚悬三十五年之久的“国本”问题得到

了解决，尽管如此，乾隆并不认为从此可以高枕无忧了。在他看来，至少还有两件要事需做。

首先是需对所建储君继续加以考察。因为再次建储时永琰只有十四岁，无法预料其日后发展情况，而且，此事是自己独自决定，对所定人选亦无十分把握，所以，对储君进行长期考察便显得十分重要。为此，乾隆三十八年冬至节南郊大祀时，乾隆特命诸皇子陪祀并以所定储君之名默祷上苍："所定之子若贤，能承大清基业，则祈昊苍眷祐，俾得有成；若其人弗克负荷，则速夺其算，毋误国家重大之任，予亦可以另行选择。"乾隆四十八年秋四次东巡盛京时，他又以同样内容默祷太祖、太宗之灵前。就是这样，在二十多年的时间里，他对所定储君的品质和才能进行了长期的默察，直到乾隆六十年在位周甲之际方才公布了储君的名字，并于此后不久即举行了传位大典。可见，为了选择一个理想的储君，乾隆花费了多大的心血！

其次，储君既设，如何处理自己和其他皇子之间的关系也愈显重要。处理得好，可以进一步巩固统治并顺利实现最高权力的过渡；反之，各种不虞事件随时都可能发生。为此，乾隆恩威并施，两手并用。就施恩方面而言，一是根据乾隆后期诸子多已成年，对于地位和权力要求颇为迫切的现实问题，适当地满足他们的合理要求。如在纂修《四库全书》期间，乾隆即分别将皇六子永瑢、皇八子永璇和皇十一子永瑆任命为四库全书馆正总裁。其中，皇六子永瑢还曾管理过内务府事务。这样，既使他们的才能得到培养和锻炼，又有利于加强乾隆对各个机构的控制。不久，在授予皇子爵位方面，他也迈出了重要的步伐。此前，诸皇子得有封爵者，不是因为出继康熙诸子就是临终之前加封，或者竟是死后追封。乾隆四十四年，乾隆首封皇八子永璇为仪郡王。乾隆五十四年十一月，为了庆贺自己的八十寿辰，乾隆又对诸皇子普予封爵，晋封皇六子永瑢为质亲王，皇十一子永瑆为成亲王，皇十五子永琰为嘉亲王，皇十七子永璘为贝勒。乾隆五十八年底，又将皇长子永璜次子绵恩也晋封为亲王。二是注意加强与皇子们的接触以联络父子间的感情。凡是外出巡幸，大多皆令皇子们随驾扈从；在京之时，也常于百忙之中抽暇临幸各皇子府邸。父子之间时有聚会，情感益增，从而避免或减少了相互间的猜嫌和疑忌。就施威方面而言，则是严厉禁止诸皇子与外廷官员接触来往，一旦发觉，立予严惩，不稍宽贷。如皇长孙绵德原来恩眷甚隆，但是乾隆四十一年时，乾隆得知他与礼部郎中秦雄褒私相往来、互馈礼物，当即大怒，下令革退绵德王爵，谪守泰陵，秦雄褒也为此而远戍伊犁。同年七月，山西候选吏目严譄向军机大臣舒赫德投递包封，请立正宫。案发后，搜检其寓所时发现违禁字迹并有“呈启四阿哥一纸”。对此，乾隆认为“严譄乃微贱莠民，何由知宫闱之事？……且欲向四阿哥投递，其居心尤不可问”。“离间父子，实为乱民之尤，必当审讯明确，典刑肆市，以示与众弃之之义。”结果，严譄被凌迟处死，皇四子永珹也背上了一个大大的黑锅，不过几个月光景便忧惧而死。乾隆四十五年时，大概是风闻六阿哥永瑢和皇次孙绵恩建储有望，山西巡抚喀宁阿利令智昏，竟向六阿哥及绵恩“呈递请安片子，并送鱼数尾”。因为前有绵德、永珹倒霉先例，永瑢、绵恩为怕招惹是非，立即将此事禀告乾隆。结果，喀宁阿巴结未成，反而挨了一顿臭骂。总之，由于乾隆恩威兼施、双管齐下，因而在乾隆后期，诸皇子虽因年龄增长而对未来的皇位“觊觎者众”，但却始终没有发生如康雍之际皇室内部骨肉相残的悲剧。

第二十四章　桑榆晚景

乾隆在他做了六十年的皇帝后,“禅位”给了嘉庆，这对一个封建帝王来说确实是难能可贵的。纵观自秦始皇以下两千年的中国皇朝历史，由内禅归政的，不能说是绝无仅有，也可说是屈指可数。

建储问题的圆满解决为传位铺平了道路。这样，乾隆在八十六岁高龄之际，举行了传位大典，并向全国颁布了归政诏书。

乾隆的传位思想早已形成。雍正十三年九月举行即位大典时，他即焚香告天:“昔皇祖御极六十一年，予不敢相比，若邀穹苍眷佑，至乾隆六十年乙卯，予寿跻八十有五，即当传位皇子，归政退闲。”之所以如此，部分原因是意在摹古。乾隆早年熟读儒家经典，尧舜禅让成了他所憧憬的境界。刚刚即位时没什么从政经验，很可能是想以此法古之举来博取身后之美名。此外，乾隆还想以此祈求长寿。他的祖父康熙冲龄即位，在位六十一年，终年六十九岁，在此前所有清代帝王中已为高寿。而他即位之时已经二十五岁，六十年后将至八十五岁高龄。

亲政以后，长期为君的政治生涯不但使乾隆积累了丰富的政治经验，而且也使他尝尽了君临天下的甜头。这样，乾隆的传位思想一度发生了变化。为了给自己找理由，乾隆二十五年时，他表示，只要自己的生母崇庆皇太后健在，即使在位周甲，自己也不行传位。后来在他六十岁时，他虽然下令臣下“预葺宁寿宫，为将来优游颐养”，并于乾隆三十七年首次向诸皇子公开提及传位之事，但在实际活动中却一直对传位表示出相当消极的态度。

乾隆四十二年正月，崇庆皇太后的去世使得乾隆失去了不行传位的借口，七十岁以后的身体和精神状况不断恶化，也促使他重新回到即位之初的立场。乾隆四十五年，乾隆因年老臂疼而一度不能弯弓射箭；三四年后，又因气滞作疼以及升降台阶艰难而不得不改令皇六子永瑢代行上辛、郊祀大典；乾隆四十九年以后，又增加了失眠之症，“寅初已懒睡，寅正无不醒”；而后，记忆力也显著减退，精神昏聩，身体虚弱，难以正常处理国务。因而，乾隆四十九年以后，为了适应自己的身体状况，他处理政务的时间大大缩短。当年九月他以“优眷老臣”为名，准三品以上官员年过七十者日出后进朝。乾隆五十六年十月以后，这一规定的适应范围又扩大到了全体在京官员，“俱着于卯正到齐，亦不为迟”。对于各地官员奏进的像小山一样的公文和奏折，乾隆也感到十分头疼，时以奏事琐细“徒滋烦扰”而对有关官员严行申敕。这样，因为身体健康状况不断恶化，皇帝应负担的日常工作成了他不能胜任的一个负担。“雄心渐消泯，逸志在高闲。”这时，他又想起了即位之初作出的年老归政的诺言。因而，从乾隆四十年后，凡逢节庆寿诞，乾隆无不以归政为念，诗赋辞章也时以传位为题。

乾隆五十八年以后，因为距离传位之期愈益接近，根据乾隆的指示，各种准备工作皆开始着手进行。当年四月，乾隆以归政在即，“嘉惠士林之典尤应预为举行”，而决定从次年秋天开始至丙辰春三年间连续举行归政恩科乡、会试和嗣皇帝登极恩科乡、会试。五十九年年底，又下令各直省督抚将历年来民间所有积欠银一千七百万两、粮食三百七十五万石概行豁除，同时，还于往常每逢年底普赏八旗兵丁一月钱粮之外，由国库拨银，赏借王公以下以及闲散宗室觉罗、八旗兵丁半年俸饷。乾隆六十年，有关传位的准备活动进入了高潮，各种加恩活动也一次接着一次。正月间，乾隆下令将因过查抄家产的官员未曾完纳部分全行豁免；二月间，又下令增加各直省岁试入学名数。归政恩科会试和嗣皇帝恩科乡试也次第举行。在一切准备工作就绪之后，乾隆六十年九月初三，在即位六十周年之际，乾隆召集皇子皇孙、王公大臣于勤政殿，当众取出当年藏在乾清宫“正大光明”匾额后面的建储密旨，宣布立皇十五子永琰为皇太子，并决定于次年新正举行传位大典。十月朔日，颁嘉庆元年《时宪书》于全国并宣布普免明年全国地丁钱粮。嘉庆元年正月元日，内外王公以下文武百官与朝鲜、安南、暹罗、廓尔喀等国使臣咸集太和殿，按班序列。而后，礼部堂官首先至毓庆宫启请皇太子朝服出宫，恭候乾隆乘舆至太和殿升坐。这时，鼓乐齐鸣，皇太子以下所有官员皆跪伏殿内，由宣表官员跪宣传位诏书。而后，大学士二人恭导皇太子至乾隆御坐前俯伏跪地，由乾隆将皇帝之宝亲授皇太子，嗣皇帝率领群臣再向乾隆行九叩大礼。庆贺礼毕，已经成为太上皇帝的乾隆乘舆还宫，接受公主、福晋以及未受封爵的皇孙、皇曾孙、皇玄孙行庆贺礼。与此同时，嘉庆则御殿登极，接受文武百官朝贺，并派遣礼部鸿胪寺官员登上天安门城楼，恭宣太上皇帝传位诏书及恩赦条款。当年正月初四，按照预定计划，乾隆又在宁寿宫、皇极殿举行了比乾隆五十年时规模更为盛大的千叟宴。眼见传位顺利、百事如意，千叟宴上，乾隆即兴挥毫作诗。诗云:“归禅人应词罢妍，新正肇庆合开宴。便因皇极初临日，重举乾清旧宴年。教孝教忠惟一笃，曰今曰昨又旬延。敬天勤政仍勖子，敢谓从此即歇肩。”至此，全国臣民所瞩目的授受大典最后完成，乾隆开始了他的太上皇生活。

秦汉以后，称为太上皇者虽然代不乏人，但在不少情况下都不过是高级囚徒的代名词。乾隆即位之后，为了加强自己的专制统治，苦心孤诣地经营了六十年，老来退位，当然不愿去做这样的太上皇。因而，早在传位之初，他即决定，将那些因为自己年老而不能胜任的各种祭祀和礼仪活动交由嗣皇帝办理，至于“军国大事及用人行政诸大端”，“岂能置之不问，仍当躬亲指教，嗣皇帝朝夕敬聆训谕，将来知所禀称，不至错误，岂非国家天下之大庆”。根据他的指示，军机大臣拟定传位事宜时，使太上皇的礼仪规格和实际权力都远超嗣皇帝之上。按照这些规定，太上皇帝对人仍然自称为“朕”；太上皇帝谕旨称为“敕旨”；题奏行文遇太上皇帝字样，高三格抬写，嗣皇帝高两格抬写；太上皇帝生辰称“万万寿”，嗣皇帝生辰称“万寿”；文武大员进京陛见以及道府以上官员离京赴任皆须具折恭请太上皇恩训。嗣皇帝拥有的权力，只不过是按期举行祭祀以及经筵、耕耤、大阅、传胪等礼仪活动而已，而且还要向太上皇帝奏闻之后始得举行。用太上皇帝的话来说，“朕虽归政，大事还是我办”。可见，他的传位并非退位，而只是变亲政为“训政”而已。

在筹备传位事宜时，乾隆已为自己保留了极大的权力，而在传位大典举行后的几年中，他在实际活动中又大大突破了传位时作出的许多承诺。其一是居住地址。早在乾隆三十七年时，他即命令修葺宁寿宫作为归政之后的优游颐养之所，而在传位之后却仍然居于养心殿。为了给自己找理由，他说："子皇帝初登大宝，用人理政，尚当时加训诲，何忍即居宁寿宫，效宋高之自图安逸耶。"嘉庆二年时，他又说："予即位以来，居养心殿六十余载，最为安吉。今既训政如常，自当仍居养心殿，诸事咸宜也。"因为他"寝兴六十养心惯"，这样，已经即位的嘉庆只好仍然住在毓庆宫。其二，嘉庆改元，全国上下例应统一使用嘉庆新历，京中宝泉、宝源二局以及各省铸钱机构也应改铸嘉庆通宝，但是，在臣下以"一体循用新朔，于心实有所未安"为由呈请宫中仍行使用乾隆纪年时，他却立即表示同意，并将臣下恭进之乾隆六十一年新历"颁赏内廷皇子、皇孙及曾元辈并亲近王大臣等，俾得遂其爱戴之忱"。因而，一直到他去世时，宫中仍用乾隆年号。京中外地之铸钱机构也是"乾隆、嘉庆年号各半分铸"。对此，太上皇帝也概予批准。其三，更重要的是，在各种国务的处理中，他也没有遵守传位时作出的决定。传位之前，他曾决定给予嗣皇帝以处理各部院衙门、各省题奏本章及任免官员的权力，然而，传位之后，除了一些无关紧要的题本批答之外，一直将批答奏折、任免官员的权力牢牢地置于己手。一直到嘉庆三年时，虽然他的眼力已大不如前，"然披阅章奏及一切文字未尝稍懈"。总之，在三年太上皇期间，举凡官员任免、军务布置、政治举措、河工建设、蠲赈事宜等主要事务，太上皇无不躬亲其事。和历史上的太上皇大不相同，他是一个名副其实的太上皇。

当然，在他牢牢地把握着主要权力的同时，由于不少礼仪活动已为嘉庆所分担，和传位以前相比较，他肩上的担子还是大有减轻。因而，处理要务之外，空余时间相对增多。利用这些闲暇时间，他有时长时间地静坐沉思，陷入对自己童年生活深深地回忆之中：自己如何在父亲面前一字不遗地背诵经书，祖父如何开枪打死正在向自己疯狂扑来的大熊，又是如何夸奖自己和自己的母亲。一切的一切，都宛然如在昨日，叫人难以忘怀。他写的诗可见其当时之心情：

乘凉每爱倚长松，无碍翻来天籁重。
坐久不知时与刻，梵楼遥报午时钟。

寅岁随来侍宴辰，分明一瞬七旬踆。
命皇妣领圣母觐，恩谕曾称有福人。

回忆旧事之外，他有时也想到了将来。嘉庆三年春，他的嫡亲玄孙载锡成婚，因而，他极盼其来年生子，好使自己于玄孙之外再见来孙。当时他已经八十八岁高龄，他很希望再能活上十二年，凑成一个整数，开创一下帝王年龄史上的新纪录。嘉庆三年八月，他在一首诗中道出了自己的这种心情：

仰望如霄上，俯临欣目前。
一身亲七代，百岁待旬年。

愿谓元者勉，喜瞻来者连。

自谓不知足，又愿庶应然。

太上皇帝虽然祈求长寿，但是，对于自己的后事，他也作了一些安排。其一是再行修葺陵寝。乾隆七年，他下令于遵化胜水峪选址建陵。乾隆十七年，建陵工程初步告竣。是年十月，他亲送孝贤皇后梓宫奉移地宫并对工程修建之“坚固宏整”甚表满意。从此，陵工转入岁修阶段。传位之后，他又派户部尚书范宜宾等再次对陵寝加以修葺。此外，对于自己身后的丧礼、谥典，他也都作了一些布置。关于丧礼，他指示只须依照历代帝王先例，以日易月，二十七日除服和百日之内不剃发，而不得仿古礼行三年之丧。关于身后谥典，他指示只能谥之为“宗”而不得谥之为“祖”。嘉庆四年正月，乾隆进入了生命途程中的最后时刻。

由于年事越来越高，进入嘉庆三年以后，太上皇帝的身体状况愈来愈差，失眠、健忘症状也更加严重。据当时朝鲜使者的观察，“昨日之事，今日辄忘；早间所行，晚或不省”。身体如此虚弱，自然易于感染疾病。当年十一月，就在臣下计划为他筹办九旬庆典之际，他却因筹办平定白莲教起义事务过于焦劳而感染风寒。虽经御医尽力调护，不久病愈，但却留下了头昏目眩的后遗症，“饮食渐减，视听不能如常，老态顿增”，精力也大不如前。嘉庆四年正月新正，他尚出御乾清宫，接受嘉庆以下王公百官的朝贺。次日早晨，又作了一首题为“望捷”的诗篇，盼望着镇压白莲教起义能够早日获得胜利。尔后不久，病情突然恶化。闻知此信，嘉庆急率御医趋至养心殿进行抢救。这时，已经进入弥留之际的乾隆握住自己指定的这个嗣皇帝的双手，“眷爱拳拳弗忍释”，随后即进入昏迷之中。延至次日凌晨，这个八十九岁的老皇帝带着在位周甲、眼通七代的满足和未至百龄、不见来孙的遗憾离开了人世。

因为乾隆去世时已达八十九岁高龄，超过了自古以来的所有帝王，兼之三年以前已经举行了传位大典，上至王公大臣、下至黎民百姓对此都不觉得意外和突然。“皇城之内，晏如平日，少无惊动之意。皆曰，此近百岁老人常事，且新皇帝至仁且孝，太上皇真稀古有福之太平天子云。”与此同时，朝廷之上关于丧事的处理也循例进行。当天，乾隆遗体移殡乾清宫，嘉庆以下所有王公、妃嫔、公主、福晋以及文武百官皆剪发成服并成立了由睿亲王淳颖、成亲王永瑆、仪郡王永璇和大学士和珅、王杰等共同组成的治丧机构。几天之后，和珅虽被捕拿治罪，但各种治丧活动却仍然照常举行。正月间，先后上其尊谥为“高宗纯皇帝”，并将梓宫移殡观德殿；二月间，决定开馆纂修《高宗纯皇帝实录》；三月，将其陵寝定名“裕陵”。当年九月初二，嘉庆亲奉乾隆梓宫自京发引，十五日安葬裕陵地宫。从此，在自己生前最崇敬的祖父康熙陵墓的西面，伴随着一年一度的春雨桃李和秋风松涛，乾隆安眠在裕陵之下的地宫之中。

第二十五章　乾隆一家

乾隆共有九个兄弟、十七个儿子、十个女儿，皇后嫔妃不下四十人，可谓人丁兴旺。然因骨肉相残、荒淫无度、疾病缠身等，其子女真正寿终正寝的却寥寥无几，最后为乾隆送终的只剩下四子一女。这是乾隆的悲哀、皇族的悲哀，更是封建制度的悲哀。

乾隆一生，身历四朝，眼通七代，在位周甲，寿近期颐，家族繁衍，人丁兴旺。看看他的家庭情况，有益于进一步认识乾隆这个人物。

乾隆生母姓钮祜禄氏，生于康熙三十一年，是清朝开国功臣额亦都的后裔。十三岁时被选入宫，成为乾隆生父胤禛的一个侧室，二十岁上生弘历。雍正皇帝胤禛即位后，秘密建储，她所生的这个儿子被立为储君。母以子贵，钮祜禄氏因被晋封熹妃、熹贵妃。弘历即位，将其尊为崇庆皇太后，并多次借国家庆典、战争胜利之机为其上徽号。凡是外出巡幸，也无不奉她一起出行。几十年间，她和乾隆一起游遍塞外、江南、盛京、泰山、五台山等名胜。从乾隆五年起，乾隆又累次为她举办备极奢华的万寿庆典。乾隆四十二年正月，这个母仪天下四十多年的皇太后生病去世，卒年八十六岁。乾隆特于易州泰陵之东另建泰东陵，将其安葬，谥为“孝圣宪皇后”。

对于自己的生母，乾隆虽然极尽尊崇孝养之道，但是却不让她干预朝廷政务。有一次，崇庆皇太后偶然向他提出应将京东的一个废寺重加修葺，乾隆当面不便驳回，事后却穷诘宫女、太监，查询是谁将这一消息告诉了皇太后，并对之严加训敕。为了防微杜渐，乾隆二十八年时，他还下令礼部将按照惯例恭进皇太后、皇后的会试登科录概停呈进，不过也有过两次例外。一是雍正去世后，为了表示自己的哀慕之忱，乾隆一度欲循古礼服三年之丧，臣下劝来劝去，无人能劝得动。最后皇太后亲自出面，对他进行批评、劝告，才使他放弃了原来的决定。二是乾隆十三年对金川用兵，因为讷亲、张广泗两位重臣指挥失宜，屡遭挫折，盛怒之下，乾隆将讷亲、张广泗处死，改派军机大臣傅恒率军征讨。傅恒师行之后，乾隆才发现国库存银无多，不足以资缓急，因又谕令傅恒罢兵。傅恒却以前有讷、张被诛先例，坚持不撤，致使乾隆欲罢不能，无计可施，不得不搬出向不预政的皇太后，以她的名义谕令傅恒撤兵返京。这样，傅恒的脑袋有了保证，方才撤兵而归。像这样皇太后预政的事例，终乾隆一朝仅此两起。

乾隆兄弟十人，为数不能算少，但因其中六人已在康雍间相继夭折，成年的弘时又被雍正革除宗籍、囚死禁所，和乾隆一起进入乾隆朝的便只剩下了弘昼、弘瞻两人。其中，弘昼是雍正皇帝的另一个侧妃耿氏所生，和乾隆同岁，后来又同年入学、同时封王，在雍正后期一起参加了国务的处理；弘瞻（生母刘氏）出生于雍正十一年，和乾隆年龄相差二十多岁。对于这两个骨肉同胞，乾隆虽然外示优宠，派给他们不少差使，但却从不信任。为免于引起乾隆的疑忌，弘昼、弘瞻分别以留恋声色、追求财货以自污。如和亲王弘昼，“最嗜弋腔曲文，将《琵琶》《荆钗》诸旧曲皆翻为弋调演之，客皆掩耳厌闻，而王乐此不疲”；果亲王弘瞻则把全副精力用之于追求财货，售卖人参，开设煤窑，占夺民产，向各处织造官差人等派办绣缎什器，不一而足。尽管如此，乾隆仍不放心，寻找机会对他们进行打击。乾隆二十八年端午节，圆明园九州清晏失火，王公大臣闻知，群趋往救，而弘瞻却因来迟一步并在与诸皇子见面时谈笑露齿、略无忧愁之意而被乾隆交军机大臣审讯。审讯结果：除上述非法追求财货各条外，还发现他干预朝政，在向皇太后请安时坐乾隆所坐之处，以及称雍正为“皇考”等严重罪过，并且牵连到了和亲王弘昼。这样，乾隆师出有名，当即将弘瞻革去王爵，降为贝勒，永远停俸，以观后效，所有职务也概行解退。和亲王弘昼亦因“于皇太后前跪坐无状”而罚俸三年。经过这次打击，弘瞻“闭门谢客，抑郁生疾”，一年后即因病去世。弘昼则愈加颓废，每在自己府中聚集王府护卫人等演习丧礼。届时，自己坐于上方象征所放灵柩，而令府下人等披麻戴孝，在堂下大声哭嚎，借以抒发自己胸中的抑郁不平之气。弘昼几年之后亦病故。

乾隆后妃众多。即位之前所纳妃妾已有十来人，即位之后数量又不断增加。总算起来，具有后、妃、嫔、贵人、常在各种名号者不下四十人。这些后妃，就其民族而言，几遍满、蒙、汉、回；就出身而言，有的是名门淑秀，有的是内府包衣，有的甚至还是没入宫禁的犯官女儿。对此，臣民私下啧有烦言，乾隆自觉心虚理亏，不惜采取高压手段。于此仅择其影响较大者略加介绍，以见其后宫之大致情况。

孝贤皇后富察氏是乾隆的原配妻子，比他小一岁，是察哈尔总管李荣保之女，雍正五年十六岁时与当时还是皇子的弘历成婚，为其嫡妃。富察氏是满洲八大族之一，清初以来，世为显宦，雍正选择该族之女作配己子，心中当自有一番深意。婚后，孝贤皇后先后生有二男二女。其中皇二子生于雍正八年，出生后，雍正特为赐名"永琏"，"隐然示以承宗器之意"。乾隆即位之次年，依照雍正成例秘密建储，即将其名书入建储密旨。乾隆二年十二月，又册封富察氏为皇后。乾隆十一年又生皇七子永琮。但是，不幸的是，乾隆三年和乾隆十二年，皇后所生的两个儿子先后殇逝，这使乾隆夫妇极为悲痛。尤其是孝贤皇后，更是每日以泪洗面。为了排遣忧愁，乾隆十三年春，乾隆携其东巡曲阜、游历泰山。但终因悲伤过度，兼之以旅途感受风寒，当年三月，孝贤皇后病死于德州舟次，时年三十七岁。

对于孝贤皇后的去世，乾隆深为悲痛。他亲制《述悲赋》，格调哀婉凄伤，以表述自己的悲痛心情。此外，还写了不少怀旧诗，其中一首云"深情赢得梦魂牵，依旧横陈玉枕边。似矣疑迟非想象，来兮恍惚去迁延。生前欢乐题将遍，别后凄愁话未全。无奈彻人频唱晓，空余清泪醒犹涟"，寄托了他对自己结褵妻子深切的怀念。他还为孝贤皇后举行了盛大的丧礼。乾隆十七年，胜水峪陵工初步告竣。当年十月，乾隆亲送其灵榇安葬地宫。

乾隆第二个皇后是乌拉纳喇氏。她在雍正朝被选为乾隆的侧室。乾隆二年，册为娴妃。尔后，在宫中地位不断上升。乾隆十年，晋娴贵妃；孝贤皇后死后，又晋皇贵妃，摄六宫事；乾隆十五年，册为皇后。历次巡幸，皆随乾隆出行。乾隆三十年四巡江南抵达杭州时，她因忤旨剪发而被乾隆遣人送回京师。一年多以后，在乾隆北上塞外秋狝木兰期间，她因失宠忧愤而死。得知这一消息，乾隆下令将其“所有丧仪止可照皇贵妃例行”，因此，她被安葬在裕妃园寝而未能像孝贤皇后一样葬入胜水峪地宫。

从乾隆为其取号娴妃以及乾隆初年她在宫中地位不断上升等情况加以分析，乌拉纳喇氏并非过于骄横越分之人。即使在她失宠之后，乾隆也承认她“自册立以来，尚无失德”，何至在南巡中竟痛不欲生而自行截发？显然，南巡途中她和乾隆之间曾发生过激烈争吵。对此，乾隆讳莫如深，各种官修史书也皆未记载。不过据一些野史笔记所载，乾隆中岁以后，因为武功显赫、天下太平而耽于声色，并不时有冶游之举，乌拉纳喇氏皇后为此多次进谏。乾隆不从，遂致夫妻反目，乌拉纳喇氏因遭遗弃。若与这时乾隆个人生活极为铺张奢华相联系，这些记载大致属实。乾隆在私生活方面是极不检点的。

由于乾隆办理乌拉纳喇氏皇后丧仪过于潦草，御史李玉鸣上书乾隆，对此提出批评。乾隆大发雷霆，当即下令将其“革职锁拿，发往伊犁”。一直到三十多年后嘉庆亲政，为了替父补过，始将乌拉纳喇氏改从后礼下葬。

乌拉纳喇氏皇后死后，乾隆一直未立后，只是在乾隆六十年十月归政前夕将一个死去二十年的皇贵妃魏氏追封为皇后。这位死后追封的皇后出身汉军，生于雍正五年，乾隆十年被选入宫为贵人，而后陆续晋封令嫔、令妃、令贵妃、令皇贵妃。她生有四男二女，是乾隆所有后妃中诞育子女最多者。乾隆四十年正月病逝，终年四十九岁。当年安葬于胜水峪地宫，并将其谥为“令懿皇贵妃”。乾隆归政前夕，因为她是皇太子永琰的生母，又特旨将她追封为孝仪皇后。

除孝贤皇后和孝仪皇后死后被葬入胜水峪地宫之外，得到这种待遇的还有哲悯皇贵妃富察氏、慧贤皇贵妃高氏和淑嘉皇贵妃金氏。这三位皇贵妃皆于雍正朝被选到乾隆身边。其中，富察氏生育了皇长子永璜和皇二女，金氏则连生皇四子、皇八子、皇九子、皇十一子。大约是因为他们曾事自己于藩邸而且子息也颇有影响，乾隆才破格给予她们以葬入地宫的哀荣。

乾隆晚年，虽因老境来临和妃嫔自然死亡后不行补充，妃嫔人数显著减少，但也不像他自称的“只有二妃二嫔”。据《清高宗实录》统计，截至乾隆归政时，尚有颖贵妃巴林氏、婉贵妃陈氏、循妃伊尔根觉罗氏、惇妃汪氏、芳妃陈氏、晋妃富察氏、恭嫔林氏、贵人鄂氏、寿贵人柏氏等。可见，一直到其去世之前，在他身边的妃嫔仍有近十人之多。

多妻的结果是多子多女。乾隆一生共有十七个儿子、十个女儿，但因其中的十二个子女未及成人便已夭折，且成人的十五个子女中又有十人在乾隆驾崩前便已死去，乾隆临终时所能见到的就只有四子一女了。

在十七个儿子中，幼年殇逝者七人，他们是皇二子、皇七子、皇九子、皇十子、皇十三子、皇十四子、皇十六子。其中，较有影响的是皇后富察氏所生的皇二子永琏和皇七子永琮。永琏生于雍正八年，乾隆因他为皇后所生而特别宠爱，首次秘密建储即将其内定为皇太子。可惜的是，乾隆三年十月，这个孩子刚满九岁便因病死去。乾隆特将其追谥为“端慧皇太子”，当年十二月葬于蓟州城东朱华山园寝，派员守护，按时祭扫。皇七子永琮生于乾隆十一年，“甫及两周，歧嶷表异”，皇太后和孝贤皇后都视若掌上明珠，乾隆也有意以其承祧。但是乾隆十二年底，这个孩子又出痘殇逝，乾隆将其谥为“悼敏”，并指令“皇七子丧仪应视皇子从优”。因而，他也被安葬在朱华山端慧太子园寝。此后不久，孝贤皇后即因悲伤过度死于东巡途中。乾隆则因家中变故迭出，脾气愈益暴躁，对于臣下的态度也更加严厉。家庭悲剧对于朝廷政治产生了重大的影响。

皇二子和皇七子的相继去世使得乾隆建储出现了波折。这时，两个年龄较长的皇子对于空缺的储位不无觊觎之意。发现这些情况，乾隆不顾什么骨肉之情，予以严厉打击。这样，在成人的十个儿子中，又有皇长子永璜和皇三子永璋因遭受打击而忧惧成疾，一病不起。乾隆十五年三月，皇长子首先死去，时年二十三岁。乾隆二十五年，皇三子也撒手尘寰，年仅二十六岁。念及多年父子之情，乾隆将皇长子追封为定亲王，将皇三子追封为循郡王。和皇长子、皇三子情况相似的还有一个乌拉纳喇氏皇后所生的皇十二子永璂。他生于乾隆十七年。乾隆三十年南巡时乾隆夫妻反目和后来皇后的去世，使他的地位一落千丈。乾隆四十一年时，他因病去世，年仅二十五岁。其他成年皇子去世，乾隆大都追赠一个亲王、郡王，如果无子，还为其择人过继，以使香火不绝，但永璂死后，这些饰终之典一概没有。直到嘉庆四年三月嘉庆亲政后，方才将其追封为贝勒，并以成亲王永瑆的一个儿子绵偲出为永璂之后。

除上述各子之外，先于乾隆死去的还有皇四子永珹、皇五子永琪和皇六子永瑢。皇四子永珹生于乾隆四年，为淑嘉皇贵妃金氏所生。乾隆二十八年时，乾隆以其出继履亲王允裪之后为郡王。乾隆四十二年，因病去世，时年三十九岁。皇五子永琪出生于乾隆六年，愉贵妃柯里叶氏所生。对于这个儿子，乾隆印象颇好，并一度有意将其内定为储君，但使乾隆失望的是，他的身体太差了，乾隆三十年后又卧病在床。为了使他早日痊愈，当年十一月，乾隆破例封他为荣亲王。但封王也未能救其一命，次年三月，这个皇子还是离开了人世，时年二十六岁。皇六子永瑢出生于乾隆八年，和皇三子同母。乾隆二十四年时，乾隆将他出继为慎郡王允禧之孙，降袭贝勒；三十七年，晋封质郡王。这个儿子文化素养很高，擅绘画，通天算，并且还有一定的行政才能，曾经参与纂修《四库全书》的领导工作，后来又当过一个时期的总管内务府大臣。乾隆七旬、八旬两次万寿庆典，他都是一个主要组织者。乾隆五十四年十一月，乾隆又将他晋封为质亲王。但是，未待乾隆八旬万寿庆典，乾隆五十五年五月初一他即因病去世，终年四十八岁。

由于多数皇子已在乾隆生前去世，这样，为他送终的便只剩下嘉庆和皇八子永璇、皇十一子永瑆和皇十七子永璘。其中永璇生于乾隆十一年，和皇四子、皇十一子同母。在乾隆诸子中，这个儿子名誉最差，贪恋酒色，不务正业，多次受到乾隆的严厉斥责。乾隆四十四年，因为较年长的几个皇子皆有封爵，乾隆不得不封皇八子永璇为仪郡王。到乾隆五十四年十一月乾隆再次封王之时，皇六子、皇十一子、皇十五子皆封亲王，而永璇却仍为郡王。嘉庆四年正月，嘉庆亲政，始将其晋封仪亲王并令他总理吏部事务，但为时不过一月便又撤其总理吏部之职。从此，他坐拥厚禄，长期在家享受清福，一直到道光十二年方才死去，活了八十七岁。在他的十几个同胞弟兄中，他是最为长寿的一个。皇十一子永瑆生于乾隆十七年，在乾隆的熏陶下，少年时期即酷爱诗文书法，“诗文精洁，书法遒劲，为海内所共推”，为乾隆所喜爱，多次幸其府邸。《四库全书》纂修期间，他也是正总裁之一。乾隆五十四年，乾隆封他为成亲王。嘉庆亲政，诛除和珅，又以他为首席军机大臣，总理户部三库事务。不久之后，因为他的声望日益增长，引起了嘉庆的疑忌，当年十月罢其军机大臣之职，以藩王身份在内廷行走。道光三年去世，时年七十二岁。皇十七子永璘生于乾隆三十一年，是嘉庆同母弟。乾隆四十年孝仪皇后去世之时，他只有十岁，由颖贵妃巴林氏抚育成人。他“不甚读书，喜音乐，好游嬉”，因而乾隆并不喜欢他。乾隆五十四年，乾隆封王，只有他一人被封为贝勒。他自己也清楚争储无望，在一次兄弟聚会时，半假半真地开玩笑说:“使皇帝多如雨点，亦不能滴吾顶上，惟求诸兄见怜，将和珅邸第赐居，则吾愿足矣。”嘉庆亲政，诛除和珅，封永璘为惠郡王，不久又改封庆郡王，并将和珅宅第相赐，满足了他的要求。因为他是嘉庆的同母弟，嘉庆对他最为疑忌，多次搜罗过失，对他加以打击。在受尽这个同胞哥哥的欺凌之后，嘉庆二十五年三月永璘因病去世，终年五十五岁。

乾隆还生有十个公主。其中皇长女、皇二女、皇五女、皇六女、皇八女皆于幼年殇逝，其他五位公主，两个嫁给了蒙古王公，三个嫁给了满洲大臣子弟；除皇十女固伦和孝公主外，也都先于乾隆去世。其中皇三女固伦和敬公主生于雍正九年，为孝贤皇后所生。乾隆十二年，她十七岁时，下嫁科尔沁王公色布腾巴勒珠尔。乾隆四十年，色布腾巴勒珠尔从征大金川，卒于军中。乾隆五十七年，和敬公主也在京病故，终年六十二岁。皇四女和硕和嘉公主生于乾隆十年，为纯惠皇贵妃苏氏所生，乾隆二十五年下嫁大学士傅恒次子福隆安，乾隆三十二年去世，只活了二十三岁。皇七女固伦和静公主生于乾隆二十一年，是嘉庆的同胞姐姐，乾隆三十五年下嫁喀尔喀超勇亲王策凌之孙拉旺多尔济，乾隆四十年正月因病去世，只活了二十岁。从她去世到孝仪皇后去世，相差不过二十天。孝仪皇后一定是听到她去世的消息后突然发病去世的。皇九女和硕和洛公主生于乾隆二十三年，也是由孝仪皇后所生，乾隆三十七年下嫁给了著名将军兆惠的儿子扎兰泰，乾隆四十五年因病去世，也只活了二十三岁。

在乾隆诸女中，一生历尽坎坷的是皇十女固伦和孝公主。她生于乾隆四十年，生母是惇妃汪氏。在她出生时，乾隆已经六十五岁高龄。乾隆老年得女，异常钟爱，特将其待遇规格视同皇后所生之女，称为“固伦公主”。乾隆四十五年时，他将这个女儿指配给他的心腹军机大臣和珅的儿子丰绅殷德。乾隆五十四年十一月和孝公主下嫁时，乾隆又大加赏赉，待遇远远超过了其他公主。然而，乾隆死后，和孝公主的境遇却发生了巨大的变化。首先是嘉庆处死和珅，抄没家产，昔日熙熙攘攘的补子胡同顷刻间变成了车马绝迹的死胡同。而后，嘉庆十五年时，和孝公主之夫丰绅殷德又一病身亡。和孝公主一人主持家务，含辛茹苦，扶孤成人。道光三年，这个历尽沧桑的和孝公主因病去世，终年四十九岁。

乾隆家庭是小说、电视剧渲染的重点，出场人物众多，情节亦甚丰富，但是需要指出的是，其中虚构人物、情节过多，虚构人物不但有侍从下人锦霞、赵畏三、王八耻、卜义等，甚至还包括乾隆的子女。另外，所叙史实错误亦有很多。其中较为明显的，如弘历、弘昼生母各有其人，而电视剧本却称其为一母所生；再如，马戛尔尼使华之时，乾隆生母崇庆皇太后早已死去十六年，而电视剧仍将其搬上镜头；皇七子永琮死于乾隆十二年末，而小说却称其死于乾隆二十八年；乌拉纳喇氏皇后于雍正中即为乾隆侧福晋，小说却称其为雍正宫女，曾见雍正遇刺；其夫妇反目，本在乾隆三十年乾隆第四次南巡期间，而小说却改为乾隆五十年至六十年；乌拉纳喇氏皇后所生之皇十二子永璂死于乾隆四十一年，而乌拉纳喇氏死于乾隆三十一年，电视剧中却颠倒先后，使永璂死于乌拉纳喇氏之前；乾隆以下各代命名，皆以“弘、永、绵、奕、载、溥、毓”为序，而小说作者竟将皇长孙绵德作为皇重孙，同时还根据作者需要，使此后数十年始才出生的奕譞、奕劻也提前出场；自乾隆二年重建军机处以至乾隆去世，宗室、皇子无入军机处之例，而小说于乾隆初即以怡亲王弘晓入直军机处，乾隆晚年又以内定储君皇十五子永琰和皇八子永璇入直军机处；小说、电视剧还不惜笔墨，大书特书永琰至山东私访及受乾隆之命匿名参加会试……这些不但于史无证，有的还违背了清朝典制，全系子虚乌有。

第二十六章　裕陵沧桑

清东陵中有帝陵五座，即顺治孝陵、康熙景陵、乾隆裕陵、咸丰定陵、同治惠陵，此外还有皇太极后昭西陵、慈禧及慈安定东陵等后陵十五座，以及妃嫔、王公、公主墓一百三十多座，现为全国重点文物保护单位。

巍峨雄伟的太行山脉如同一条长龙，自南向北，绵延千里。在其通贯华北西部大地之后，尚觉余力未尽，又自北京以北折而东向，直至大海尽头，成为燕山支脉。就在京畿、大海之间的等分点上，重岗叠阜，凤翥龙蟠，诸峰耸峙，姿态万千，且背负长城，而前面地势又非常开阔，形势极为壮丽。因而，早在入关之初，这里即被清朝皇帝定为万年吉地，改称“昌瑞山”，两百多年中在这里修造了五座帝王陵墓，从而使其与盛京清陵、易州西陵一起成为清代帝王的三大陵区。乾隆的陵墓——裕陵即坐落在这片陵群之中，被称为“清东陵”。

作为一个极有作为的帝王的陵墓，和其他各代清陵一样，裕陵不独修建极其宏伟，而且在厚葬风气的影响下，随同乾隆梓宫安奉地宫的还有数不尽的金玉珠宝、古玩字画。为了保护这块陵寝重地，有清一代，专于陵区设置护陵大臣，并于各陵派驻太监和大批官弁、兵丁、匠役人等，专司守陵、修缮和岁时祭祀之事。同时，还先后在陵区植树千余万株，“群松蔽山，苍翠弥望”。这些与陵寝建筑黄绿相映，愈显庄重肃穆。士民官吏凡私入陵区毁坏一草一木者，皆照大不敬律处，如非斩首则必定发遣边远。迄至清末，和其他各陵一样，裕陵一直处于极其严密的保护之下。

清朝灭亡后，包括裕陵在内的清东陵也饱经沧桑。当初，根据袁世凯答应的优待清室八项条件，仍于陵区设置护陵大臣并拨兵驻防。然而，由于北洋军阀政府财政拮据，守护陵寝的文武官弁、太监、兵丁人等俸饷无出，只好别作他图。从此，这块昔时极为神圣的陵寝重地开始遭到了人为的破坏。先是清室护陵大臣载泽呈请分拨陵区土地于旗绿各营以佃代饷，致使不长时间大片山林被盗卖或焚毁。而后，各系军阀也闻风踵至，肆行砍伐。不久，另一个守陵大臣毓彭也不甘落后，大搞监守自盗。这样，在他守陵期间，大批祭器和极其珍贵的陵寝陈设不翼而飞。眼见护陵大臣如此“护陵”，附近居民也纷纷动手，甚至进而毁损殿宇，拆盗楠木檩架。在陵区地面财富遭到洗劫之时，军阀的魔爪伸向陵下，从而使包括裕陵在内的东陵各陵又雪上加霜，遭到了两百多年来最严重的一次破坏！

1928年7月初，驻守蓟县的国民党第十二军军长孙殿英以剿匪为名，率领所属军队进驻陵区。他们诡称要进行军事演习，封锁陵区各个路口，断绝一切交通往来，实际却以工兵营长颛孙子瑜亲自带队，对慈禧定东陵和乾隆裕陵进行了大规模的盗掘。据当时目击者所说，在将墓道掘通之后，为了打开通往裕陵地宫的四道石门，这帮匪徒曾大伤脑筋。怕使用炸药引起巨大声响，他们先是用硝镪水侵蚀石门，因未奏效又改用钢钻钻洞，方得进入地宫。该地宫为八角形，面积约与故宫中和殿大致相等。地宫中满布雕刻，技艺精湛；上覆圆顶，雕塑着九条金龙，闪闪发光。乾隆棺椁系茵陈木制成，安放在一个八角井上。两位皇后、三位皇贵妃的棺椁分在两旁，依次排列。地宫内陈列的殉葬器物，除大量的金银元宝和冥器外，都是一些罕见之宝。那帮盗宝匪徒除将棺椁以外的殉葬物品全部取出外，还将六座棺椁全行撬开，把棺内放置的以及尸体上穿戴的珍贵物品搜罗一空。其中，最为珍贵的是一柄九龙宝剑和挂在乾隆颈上的一百零八颗朝珠，都是无价之宝。整个盗陵活动足足持续了三天。在孙殿英现场监视下，将所盗珍宝满满地装了五个大皮箱，由他亲手加封盖章，送回驻地。几天之后，孙匪调防热河，饱飏而去。不久，由于当地满族人民揭发，孙匪盗陵之事开始败露。在逊清皇室的强烈要求下，民国当局开始对直接盗陵人犯进行审讯。孙匪为了逃避制裁，以盗陵所得宝物广行贿赂民国权贵。据其自称，乾隆陵中的那柄九龙宝剑送给了蒋介石；乾隆颈上的部分朝珠分送给何应钦、戴笠；慈禧陵中的翡翠西瓜、夜明珠和宝石等则分送给宋子文、宋美龄和孔祥熙等人。在这些权贵的庇护下，孙匪一直逍遥法外，这场骇人听闻的盗陵大案也不了了之。

孙殿英盗陵使得裕陵和相邻各陵都遭到了严重的破坏。20 世纪 20 年代末，陵区界内“殿宇倾颓，荒凉满目”，“百余万株参天松柏，戕伐已尽。彼黍离离，虽拱把之木，亦荡然无存”，“各陵宝城、享殿，一目了然，目穷数十里而无碍”。此后，又经历日伪、国民党军警及地方土匪的长期破坏和盗掘，至 1949 年整个陵区已残破不堪。新中国成立后，人民政府先是成立了清东陵文物保管所，不久又将清东陵列为全国重点文物保护单位，并陆续进行了清理陵区、维修陵寝、植树修路的工作，还将裕陵及定东陵地宫整修一新，对外开放。这样，这片几近废墟的清代陵寝才得到了新生，成为我国北方的一个游览胜地。